AF391004

# LE

# PHILOSOPHE

# IGNORANT.

M. DCC. LXVI.

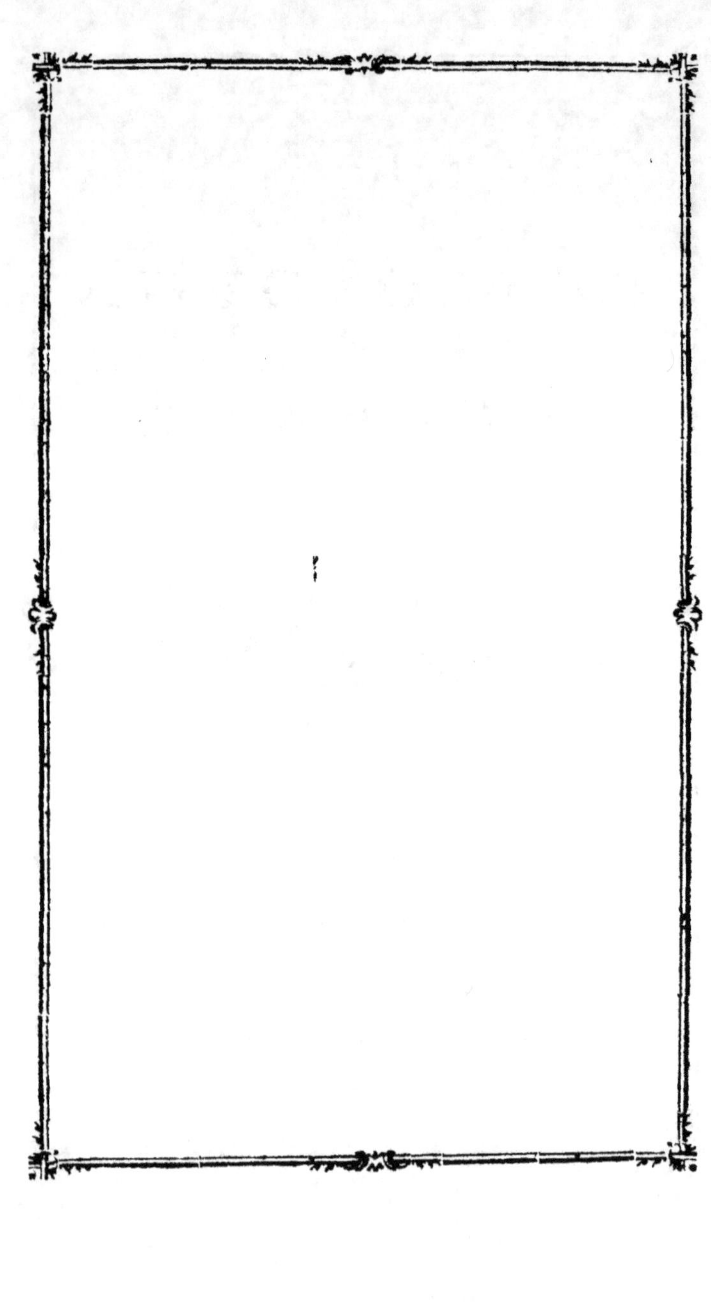

# TABLE
# DES DOUTES.


I. *Qui es-tu ?* Page 1

II. *De notre faiblesse.* 3

III. *Comment peut-on penser ?* 5

IV. *A quoi bon savoir tout cela ?* 7

V. *Y a-t-il des idées innées ?* 8

VI. *Des bêtes, c'est-à-dire, des animaux qui n'ont pas précisément le don de la parole.* 11

VII. *De l'expérience.* 13

VIII. *De la substance dont on ne sait rien du tout.* 14

IX. *Des bornes étroites de l'entendement humain.* 16

X. *Des découvertes impossibles à faire.* 17

IV      T A B L E

XI. *Du défespoir de rien connaître à fond.*      pag. 18

XII. *Y a-t-il des intelligences fupérieures ?*      22

XIII. *L'homme eft-il libre ?*      23

XIV. *Tout eft-il éternel ?*      30

XV. *Intelligence qui préfide au monde.* 34

XVI. *De l'éternité.*      35

XVII. *Incompréhenfibilité de tout cela.* ib.

XVIII. *De l'infini qu'on ne comprend pas davantage.*      36

XIX. *Dépendance entiere de l'homme.* 38

XX. *Encor un mot de l'éternité.*      40

XXI. *Encor un mot de la dépendance de l'homme.*      42

XXII. *Nouveaux doutes s'il y a d'autres étres intelligents.*      43

XXIII. *D'un feul Artifan fuprême.* 45

XXIV. *Justice rendue à* Spinosa *& à* Bayle.                          pag. 49

XXV. *De beaucoup d'absurdités.*          62

XXVI. *Du meilleur des mondes tout plein de sottises & de malheurs.*          66

XXVII. *Des Monades.*          71

XXVIII. *Des formes plastiques.*          72

XXIX. *De* Locke.          74

XXX. *Le peu qu'on sait.*          85

XXXI. *Y a-t-il une morale?*          ibid.

XXXII. *Y a-t-il juste & injuste?*          89

XXXIII. *Consentement universel est-il preuve de vérité?*          94

XXXIV. *Contre* Locke *en l'estimant beaucoup.*          95

XXXV. *Contre* Locke *encor.*          98

XXXVI. *La Nature est-elle toujours la même?*          124

VI TABLE

XXXVII. *De* Hobbes.        pag. 106

XXXVIII. *Morale universelle , malgré*
Hobbes.        108

XXXIX. *De* Zoroastre, *quoiqu'il y ait*
*loin de* Zoroastre *à* Hobbes.        110

XL. *Des Bracmanes.*        112

XLI. *De* Confutzée, *que nous nommons*
Confucius.        113

XLII. *De* Pythagore.        115

XLIII. *De* Zaleucus, *article dont il faut*
*faire son profit.*        116

XLIV. *D'*Epicure, *plus estimable qu'on*
*ne croit.*        117

XLV. *Des Stoïciens.*        119

XLVI. *La Philosophie est-elle une ver-*
*tu ?*        121

XLVII. *D'*Esope.        122

XLVIII. *La paix naîtra-t-elle de la Phi-*
*losophie ?*        123

XLIX. *Question, s'il faut persécuter les Philosophes ?*          pag. 124

L. *La persécution n'est-elle pas une maladie qui ressemble à la rage ?*          125

LI. *A quoi tout cela peut-il servir ?*          126

LII. *Autres ignorances.*          127

LIII. *Plus grande ignorance.*          129

LIV. *Ignorance ridicule.*          131

LV. *Pis qu'ignorance.*          132

LVI. *Commencement de raison.*          133

LVII. *Petite Digression sur les Quinze-Vingt.*          134

LVIII. *Aventure Indienne traduite par l'Ignorant.*          137

LIX. *Petit Commentaire de l'Ignorant sur des paroles remarquables.*          138

LE

# LE PHILOSOPHE IGNORANT.

## *PREMIER DOUTE.*

Qui es-tu ? d'où viens-tu ? que fais-tu ? que deviendras-tu ? c'est une question qu'on doit faire à tous les êtres de l'Univers, mais à laquelle nul ne nous répond. Je demande aux plantes quelle vertu les fait croître, & comment le même terrein produit des fruits si divers ? Ces êtres insensibles & muets, quoiqu'enrichis d'une faculté divine, me laissent à mon ignorance & à mes vaines conjectures.

J'interroge cette foule d'animaux différents, qui tous ont le mouvement & le

A

communiquent, qui jouiſſent des mêmes ſenſations que moi, qui ont une meſure d'idées & de mémoire avec toutes les paſſions. Ils ſavent encore moins que moi ce qu'ils ſont, pourquoi ils ſont, & ce qu'ils deviennent.

Je ſoupçonne, j'ai même lieu de croire que les planetes, les ſoleils innombrables qui rempliſſent l'eſpace, ſont peuplés d'êtres ſenſibles & penſants ; mais une barriere éternelle nous ſépare, & aucun de ces habitants des autres globes ne s'eſt communiqué à nous.

Monſieur le Prieur, dans le *Spectacle de la Nature*, a dit à Monſieur le Chevalier, que les aſtres étaient faits pour la terre, & la terre, ainſi que les animaux, pour l'homme. Mais comme le petit globe de la terre roule avec les autres planetes autour du ſoleil, comme les mouvements réguliers & proportionnels des aftres peuvent éternellement fubfifter fans qu'il y ait des hommes, comme il y a fur notre petite planete infiniment plus d'animaux que de mes femblables; j'ai penfé que Monfieur le Prieur avait un peu trop d'amour-propre en fe flattant que tout avait été fait pour lui. J'ai vu que l'homme pendant fa vie eft dévoré par tous les animaux, s'il eft fans défenfe , & que tous le dévorent encore après fa mort. Ainfi j'ai eu de la peine à concevoir que Monfieur le Prieur & Monfieur le Chevalier fuffent les Rois de la nature. Efclave de tout ce qui m'environne, au-lieu d'être Roi, refferré dans un point , & entouré de l'immenfité, je commence par me chercher moi-même.

## II. *Notre faibleffe.*

Je fuis un faible animal ; je n'ai en

naissant ni force ni connaissance, ni instinct ; je ne peux même me traîner à
la mammelle de ma mere, comme font
tous les quadrupedes; je n'acquiers quelques idées que comme j'acquiers un peu
de force quand mes organes commencent
à se développer. Cette force augmente en
moi jusqu'au temps où, ne pouvant plus
s'accroître , elle diminue chaque jour.
Ce pouvoir de concevoir des idées s'augmente de même jusqu'à son terme ,
& ensuite s'évanouit insensiblement par
degrés.

Quelle est cette méchanique qui accroît
de moment en moment les forces de mes
membres jusqu'à la borne prescrite? Je
l'ignore ; & ceux qui ont passé leur vie
à rechercher cette cause , n'en savent
pas plus que moi.

Quel est cet autre pouvoir qui fait
entrer des images dans mon cerveau,

qui les conserve dans ma mémoire? Ceux qui sont payés pour le savoir l'ont inutilement cherché; nous sommes tous dans la même ignorance des premiers principes où nous étions dans notre berceau.

### III. *Comment puis-je penser?*

Les Livres faits depuis deux mille ans, m'ont-ils appris quelque chose? Il nous vient quelquefois des envies de savoir comment nous pensons, quoiqu'il nous prenne rarement l'envie de savoir comment nous digérons, comment nous marchons. J'ai interrogé ma raison; je lui ai demandé ce qu'elle est? Cette question l'a toujours confondue.

J'ai essayé de découvrir par elle, si les mêmes ressorts qui me font digérer, qui me font marcher, sont ceux par lesquels j'ai des idées. Je n'ai jamais pu concevoir comment & pourquoi ces idées s'enfuyaient quand la faim faisait languir mon corps, & comment elles renaissaient quand j'avais mangé.

J'ai vu une si grande différence entre des pensées & la nourriture, sans laquelle je ne penserais point, que j'ai cru qu'il y avait en moi une substance qui raisonnait, & une autre substance qui digérait. Cependant, en cherchant toujours à me prouver que nous sommes deux, j'ai senti grossiérement que je suis un seul ; & cette contradiction m'a toujours fait une extrême peine.

J'ai demandé à quelques-uns de mes semblables qui cultivent la terre, notre mere commune, avec beaucoup d'industrie, s'ils sentaient qu'ils étaient deux, s'ils avaient découvert par leur philosophie qu'ils possédaient en eux une substance immortelle, & cependant formée de rien, exiſtante ſans étendue, agiſſant ſur leurs nerfs ſans y toucher, envoyée expreſſément dans le ventre de leur mere ſix ſemaines après leur conception ; ils ont cru que je voulais rire, & ont continué à labourer leurs champs ſans me répondre.

## IV. *M'eſt-il néceſſaire de ſavoir ?*

Voyant donc qu'un nombre prodigieux d'hommes n'avait pas ſeulement la moindre idée des difficultés qui m'inquietent, & ne ſe doutait pas de ce qu'on dit dans les Ecoles, de l'être en général, de la matiere & de l'eſprit, &c. voyant même qu'ils ſe moquaient ſouvent de ce que je voulais le ſavoir; j'ai ſoupçonné qu'il n'était point du tout néceſſaire que nous le fuſſions. J'ai penſé que la nature a donné à chaque être la portion qui lui convient ; & j'ai cru que les choses auxquelles nous ne pouvions atteindre ne sont pas notre partage. Mais malgré ce désespoir, je ne laisse pas de desirer d'être instruit, & ma curiosité trompée est toujours insatiable.

## V. *Aristote, Descartes & Gassendi.*

*Aristote* commence par dire que l'incrédulité est la source de la sagesse ; *Descartes* a délayé cette pensée, & tous deux m'ont appris à ne rien croire de ce qu'ils me disent. Ce *Descartes* sur-tout, après avoir fait semblant de douter, parle d'un ton si affirmatif de ce qu'il n'entend point ; il est si sûr de son fait quand il se trompe grossiérement en physique ; il a bâti un monde si imaginaire ; ses tourbillons & ses trois éléments sont d'un si prodigieux ridicule, que je dois me défier de tout ce qu'il me dit fur l'ame, après qu'il m'a tant trompé fur les corps.

Il croit, ou il feint de croire que nous naiffons avec des penfées métaphyfiques. J'aimerais autant dire qu'*Homere* nâquit avec l'Iliade dans la tête. Il eft bien vrai qu'*Homere* en naiffant avait un cerveau tellement conftruit, qu'ayant enfuite acquis des idées poétiques, tantôt belles, tantôt incohérentes, tantôt exagérées, il en compofa enfin l'Iliade. Nous apportons en naiffant le germe de tout ce qui fe développe en nous; mais nous n'avons pas réellement plus d'idées innées, que *Raphaël* & *Michel Ange* n'apportèrent en naiffant de pinceaux & de couleurs.

*Defcartes*, pour tâcher d'accorder les parties éparfes de fes chimeres, fuppofa que l'homme penfe toujours; j'aimerais autant imaginer que les oiseaux ne ceſſent jamais de voler, ni les chiens de courir, parce que ceux-ci ont la faculté de courir, & ceux-là de voler.

Pour peu que l'on conſulte ſon expérience & celle du genre-humain, on eſt bien convaincu du contraire. Il n'y a perſonne d'aſſez fou pour croire fermement qu'il ait penſé toute ſa vie, le jour & la nuit, ſans interruption, depuis qu'il était fœtus juſqu'à ſa derniere maladie. La reſſource de ceux qui ont voulu défendre ce Roman, a été de dire qu'on penſait toujours, mais qu'on ne s'en appercevait pas. Il vaudrait autant dire qu'on boit, qu'on mange, & qu'on court à cheval ſans le ſavoir. Si vous ne vous appercevez pas que vous avez des idées, comment pouvez-vous affirmer que vous en avez ? *Gaſſendi* ſe moqua, comme il le devait, de ce ſyſtême extravagant. Savez-vous ce qui en arriva? On prit *Gaffendi* & *Defcartes* pour des Athées.

## VI. *Les Bêtes.*

De ce que les hommes étaient fuppofés avoir continuellement des idées, des perceptions, des conceptions, il fuivait naturellement que les bêtes en avaient toujours aufîi ; car il eft inconteftable qu'un chien de chaffe a l'idée de fon maître auquel il obéit, & du gibier qu'il lui rapporte. Il eft évident qu'il a de la mémoire & qu'il combine quelques idées. Ainfi donc fi la penfée de l'homme était aufîi l'effence de fon ame, la penfée du chien était aufîi l'effence de la fienne ; & fi l'homme avait toujours des idées, il fallait bien que les animaux en euffent toujours. Pour trancher cette difficulté, le fabricateur des tourbillons & de la matiere

cannelée, osa dire que les bêtes étaient
de pures machines, qui cherchaient à
manger sans avoir appétit, qui avaient
toujours les organes du sentiment pour
n'éprouver jamais la moindre sensation,
qui criaient sans douleur, qui témoi-
gnaient leur plaisir sans joie, qui possédaient un cerveau pour n'y pas recevoir
l'idée la plus légere, & qui étaient ainsi
une contradiction perpétuelle.

Ce système était aussi ridicule que
l'autre; mais au-lieu d'en faire voir l'ex-
travagance, on le traita d'impie; on prétendit que ce système répugnait à l'E-
criture-Sainte, qui dit, dans la Genese,
*que Dieu a fait un pacte avec les animaux,
& qu'il leur redemandera le sang des hommes qu'ils auront mordus & mangés;*
ce qui suppose manifestement dans les
bêtes l'intelligence, la connaissance du
bien & du mal.

## VII. *L'Expérience.*

Ne mêlons jamais l'Ecriture - Sainte dans nos difputes philofophiques ; ce font des chofes trop hétérogenes, & qui n'ont aucun rapport. Il ne s'agit ici que d'examiner ce que nous pouvons favoir par nous-mêmes, & cela fe réduit à bien peu de chofe. Il faut avoir renoncé au fens commun pour ne pas convenir que nous ne favons rien au monde que par l'expérience ; & certainement fi nous ne parvenons que par l'expérience, & par une fuite de tâtonnements & de longues réflexions, à nous donner quelques idées faibles & légeres du corps, de l'efpace, du temps, de l'infini, de Dieu même , ce n'eft pas la peine que l'Auteur de la nature mette ces idées dans la cervelle de tous les fœtus, afin qu'il n'y ait enfuite qu'un très-petit nombre d'hommes qui en faſſent uſage.

Nous ſommes tous ſur les objets de notre ſcience, comme les amants ignorants *Daphnis* & *Cloé*, dont *Longus* nous a dépeint les amours & les vaines tentatives. Il leur fallut beaucoup de temps pour deviner comment ils pouvaient ſatisfaire leurs deſirs, parce que l'expérience leur manquait. La même choſe arriva à l'Empereur *Léopold* & au fils de *Louis XIV*, il fallut les inſtruire. S'ils avaient eu des idées innées, il eſt à croire que la nature ne leur eût pas refuſé la principale & la ſeule néceſſaire à la conſervation de l'eſpece humaine.

## VIII. *Subſtance.*

Ne pouvant avoir aucune notion que par expérience, il eſt impoſſible que nous puiſſions jamais ſavoir ce que c'eſt que la matiere. Nous touchons, nous voyons les propriétés de cette subſtance ; mais ce mot même *subſtance , ce qui eſt deſſous* , nous avertit aſſez que ce deſſous nous ſera inconnu à jamais : quelque choſe que nous découvrions de ſes apparences , il reſtera toujours ce deſſous à découvrir. Par la même raiſon nous ne ſaurons jamais par nous-mêmes ce que c'eſt qu'eſprit. C'eſt un mot qui originairement ſignifie *ſouffle* , & dont nous nous ſommes ſervis pour tâcher d'exprimer vaguement & groſ-ſiérement ce qui nous donne des penſées. Mais quand même, par un prodige qui n'eſt pas à ſuppoſer, nous aurions quelque légere idée de la ſubſtance de cet eſprit , nous ne ſerions pas plus avancés ; & nous ne pourrions jamais deviner comment cette ſubſtance reçoit des ſentiments & des penſées. Nous ſavons bien que nous avons un peu d'intelligence, mais comment l'avons-nous ? c'est le secret de la nature ,. elle ne l'a dit à nul mortel.

### IX. *Bornes étroites.*

Notre intelligence est très bornée, ainsi que la force de notre corps. Il y a des hommes beaucoup plus robustes que les autres ; il y a aussi des *Hercules* en fait de pensées ; mais au fond cette supériorité est fort peu de chose. L'un soulevera dix fois plus de matiere que moi, l'autre pourra faire de tête & sans papier une division de quinze chiffres , tandis que je ne pourrai en diviser que trois ou quatre avec une extrême peine ; c'est à quoi se réduira cette force tant vantée ; mais elle trouvera bien vîte sa borne ; & c'est pourquoi dans les jeux de combinaison , nul homme après s'y être formé par toute son application &

par

par un long ufage, ne parvient jamais,
quelque effort qu'il faffe, au-delà du degré qu'il a pu atteindre ; il a frappé à la
borne de fon intelligence. Il faut même abfolument que cela foit ainfi, fans
quoi nous irions de degré en degré jufqu'à l'infini.

## X. *Découvertes impoffibles.*

Dans ce cercle étroit où nous fommes renfermés, voyons donc ce que
nous fommes condamnés à ignorer, &
ce que nous pouvons un peu connaître.
Nous avons déjà vu qu'aucun premier
reffort, aucun premier principe ne peut
être faifi par nous.

Pourquoi mon bras obéit-il à ma
volonté ? Nous fommes fi accoutumés
à ce phénomene incompréhenfible, que
très-peu y font attention ; & quand nous
voulons rechercher la caufe d'un effet

ſi commun , nous trouvons qu'il y a réellement l'infini entre notre volonté & l'obéiſſance de notre membre ; c'eſt-à-dire qu'il n'y a nulle proportion de l'un à l'autre , nulle raiſon , nulle apparence de cauſe ; & nous ſentons que nous y penſerions une éternité , ſans pouvoir imaginer la moindre lueur de vraiſemblance.

## XI. *Déſeſpoir fondé.*

Ainſi arrêtés dès le premier pas , & nous repliant vainement ſur nous-mêmes , nous ſommes effrayés de nous chercher toujours , & de ne nous trouver jamais. Nul de nos ſens n'eſt explicable.

Nous ſavons bien à-peu-près , avec le ſecours des triangles , qu'il y a environ trente millions de nos grandes lieues géométriques de la Terre au Soleil ; mais qu'eſt-ce que le Soleil ? & pourquoi tourne-t-il ſur ſon axe ? & pourquoi en un ſens plutôt qu'en un autre ? & pourquoi *Saturne* & nous tournons-nous autour de cet aſtre plutôt d'Occident en Orient, que d'Orient en Occident? Non-ſeulement nous ne ſatisferons jamais à cette queſtion ; mais nous n'entreverrons jamais la moindre poſſibilité d'en imaginer ſeulement une cauſe phyſique. Pourquoi ? c'eſt que le nœud de cette difficulté eſt dans le premier principe des choſes.

Il en eſt de ce qui agit au-dedans de nous, comme de ce qui agit dans les eſpaces immenſes de la nature. Il y a, dans l'arrangement des aſtres, & dans la conformation d'un ciron & de l'homme, un premier principe dont l'accès doit néceſſairement nous être interdit. Car ſi nous pouvions connaître notre premier reffort , nous en ferions les maîtres, nous ferions des Dieux. Eclair-ciffons cette idée , & voyons fi elle eft vraie.

Suppofons que nous trouvions en effet la caufe de nos fenfations, de nos penfées , de nos mouvements , comme nous avons feulement découvert dans les aftres la raifon des éclipfes & des différentes phafes de la Lune & de *Vé-nus* , il eft clair que nous prédirions alors nos fenfations , nos penfées & nos defirs , réfultants de ces fenfations, comme nous prédifons les phafes & les éclipfes. Connaiffant donc ce qui devrait fe paffer demain dans notre intérieur , nous verrions clairement par le jeu de cette machine, de quelle maniere , ou agréable ou funefte , nous devrions être affectés. Nous avons une volonté qui dirige , ainfi qu'on en convient, nos mouvements intérieurs en plufieurs circonftances. Par exemple, je me fens difpofé à la colere, ma réflexion & ma volonté en répriment les accès naiffants. Je verrais, fi je connaiffais mes premiers principes, toutes les affections auxquelles je fuis difpofé pour demain, toute la fuite des idées qui m'attendent ; je pourrais avoir fur cette fuite d'idées & de fentiments la même puiffance que j'exerce quelquefois fur les fentiments & fur les penfées actuelles, que je détourne & que je réprime. Je me trouverais précifément dans le cas de tout homme qui peut retarder & accélérer à fon gré le mouvement d'une horloge, celui d'un vaiffeau, celui de toute machine connue.

Etant le maître des idées qui me font deftinées demain, je le ferais pour le jour fuivant, je le ferais pour le refte

de ma vie ; je pourrais donc être toujours tout-puissant sur moi-même , je se-
rais le Dieu de moi-même. Je sens assez
que cet état est incompatible avec ma nature ; il est donc impossible que je puisse
rien connaître du premier principe qui
me fait penser & agir.

## XII. *Doute.*

Ce qui est impossible à ma nature si
faible, si bornée, & qui est d'une durée
si courte , est-il impossible dans d'autres
globes, dans d'autres especes d'êtres? Y
a-t-il des intelligences supérieures , maî-
tresses de toutes leurs idées, qui pensent
& qui sentent tout ce qu'elles veulent?
Je n'en sais rien ; je ne connais que ma
faiblesse, je n'ai aucune notion de la force
des autres.

## XIII. *Suis-je libre ?*

Ne fortons point encor du cercle de notre exiftence ; continuons à nous examiner nous-mêmes autant que nous le pouvons. Je me fouviens qu'un jour, avant que j'euffe fait toutes les queftions précédentes, un raifonneur voulut me faire raifonner. Il me demanda fi j'étais libre ; je lui répondis que je n'étais point en prifon, que j'avais la clef de ma chambre, que j'étais parfaitement libre. Ce n'eft pas cela que je vous demande, me répondit-il, croyez-vous que votre volonté ait la liberté de vouloir ou de ne vouloir pas vous jetter par la fenêtre ? penfez-vous, avec l'Ange de l'Ecole, que le libre arbitre foit une puiffance appétitive, & que le libre arbitre fe perd par le péché ? Je regardai mon homme fixement, pour tâcher de

lire dans ſes yeux s'il n'avait pas l'eſprit égaré ; & je lui répondis que je
n'entendais rien à ſon galimathias.

Cependant, cette queſtion ſur la liberté de l'homme m'intéreſſa vivement ;
je lus des Scholaſtiques, je fus comme
eux dans les ténebres ; je lus *Loke*, &
j'apperçus des traits de lumiere ; je lus
le Traité de *Colins* qui me parut *Loke*
perfectionné ; & je n'ai jamais rien lu depuis qui m'ait donné un nouveau degré de connaiſſance. Voici ce que ma
faible raiſon a conçu, aidée de ces
deux grands hommes, les ſeuls, à mon
avis, qui ſe ſoient entendus eux-mêmes
en écrivant ſur cette matiere, & les
ſeuls qui ſe ſoient fait entendre aux
autres.

Il n'y a rien ſans cauſe. Un effet
ſans cauſe n'eſt qu'une parole abſurde.
Toutes les fois que je veux, ce ne peut

être qu'en vertu de mon jugement bon ou mauvais; ce jugement eſt néceſſaire, donc ma volonté l'eſt auſſi. En effet, il ferait bien ſingulier que toute la nature, tous les aſtres obéiſſent à des loix éternelles, & qu'il y eût un petit animal, haut de cinq pieds, qui, au mépris de ces loix, pût agir comme il lui plairait au ſeul gré de ſon caprice. Il agirait au hazard; & on ſait que le hazard n'eſt rien. Nous avons inventé ce mot pour exprimer l'effet connu de toute cauſe inconnue.

Mes idées entrent néceſſairement dans mon cerveau, comment ma volonté, qui en dépend, ferait-elle libre? Je ſens, en mille occaſions, que cette volonté n'eſt pas libre; ainſi quand la maladie m'accable, quand la paſſion me tranſporte, quand mon jugement ne peut atteindre aux objets qu'on me préſente, &c. je dois donc penfer que les loix de la nature étant toujours les mêmes, ma volonté n'eſt pas plus libre dans les choſes qui me paraiſſent les plus indifférentes que dans celles où je me ſens ſoumis à une force invincible.

Etre véritablement libre, c'eſt pouvoir. Quand je peux faire ce que je veux, voilà ma liberté; mais je veux néceſſairement ce que je veux ; autrement je voudrais ſans raiſon, ſans cauſe, ce qui eſt impoſſible. Ma liberté conſiſte à marcher quand je veux marcher & que je n'ai point la goutte.

Ma liberté conſiſte à ne point faire une mauvaiſe action quand mon eſprit ſe la repréſente néceſſairement mauvaiſe ; à ſubjuguer une paſſion quand mon eſprit m'en fait ſentir le danger, & que l'horreur de cette action combat puiſſamment mon deſir. Nous pouvons réprimer nos paſſions, (comme je l'ai déjà annoncé nombre IV. ) mais alors nous ne ſommes pas plus libres en réprimant nos deſirs qu'en nous laiſſant entraîner à nos penchants; car dans l'un & dans l'autre cas, nous ſuivons irréſiſtiblement notre derniere idée ; & cette derniere idée eſt néceſſaire ; donc je fais néceſfairement ce qu'elle me dicte. Il eſt étrange que les hommes ne ſoient pas contents de cette meſure de liberté, c'eſtà-dire , du pouvoir qu'ils ont reçu de la nature de faire ce qu'ils veulent; les aſtres ne l'ont pas ; nous la poſſédons, & notre orgueil nous fait croire quelquefois que nous en poſſédons encor plus. Nous nous figurons que nous avons le don incompréhenſible & abſurde de vouloir ſans autre raiſon, ſans autre motif que celui de vouloir. Voyez le nombre XXIX.

Non, je ne puis pardonner au Docteur *Clarke* d'avoir combattu, avec mauvaife foi, ces vérités dont il fentait la force, & qui femblaient s'accommoder mal avec fes fyftêmes. Non, il n'eft pas permis à un Philofophe tel que lui d'avoir attaqué *Colins* en Sophifte, & d'avoir détourné l'état de la queftion en reprochant à *Colins* d'appeller l'homme *un Agent néceffaire*. Agent, ou patient, qu'importe! Agent, quand il fe meut volontairement; patient, quand il reçoit des idées. Qu'eft-ce que le nom fait à la chofe? L'homme eft en tout un être dépendant, comme la nature entiere eft dépendante, & il ne peut être excepté des autres êtres.

Le Prédicateur, dans *Samuël Clarke*, a étouffé le Philofophe; il diftingue la néceffité phyfique & la néceffité morale. Et qu'eft-ce qu'une néceffité morale?

Il vous paraît vraifemblable qu'une Reine d'Angleterre qu'on couronne & que l'on facre dans une Eglife, ne fe dépouillera pas de fes habits royaux pour s'étendre toute nue fur l'Autel, quoiqu'on raconte une pareille aventure d'une Reine de Congo. Vous appellez cela une néceffité morale dans une Reine de nos climats; mais c'eft au fonds une néceffité phyfique, éternelle, liée à la conftitution des chofes. Il eft auffi fûr que cette Reine ne fera pas cette folie, qu'il eft fûr qu'elle mourra un jour. La néceffité morale n'eft qu'un mot; tout ce qui fe fait eft abfolument néceffaire. Il n'y a point de milieu entre la néceffité & le hazard : & vous favez qu'il n'y a point de hazard : donc tout ce qui arrive eft néceffaire.

Pour embarraffer la chofe davantage, on a imaginé de diftinguer encore entre néceffité & contrainte ; mais au fond la

contrainte n'eſt autre choſe qu'une néceſſité dont on s'apperçoit ; & la néceſſité eſt une contrainte dont on ne s'apperçoit pas. *Archimede* eſt également néceſſité à reſter dans ſa chambre quand
on l'y enferme, & quand il eſt ſi forte-
ment occupé d'un problême qu'il ne reçoit pas l'idée de ſortir.

*Ducunt volentem fata, nolentem trahunt.*

L'ignorant qui penſe ainſi, n'a pas toujours penſé de même, mais il eſt enfin
contraint de ſe rendre.

### XIV. *Tout eſt-il éternel ?*

Aſſervi à des loix éternelles comme
tous les globes qui rempliſſent l'eſpace,
comme les éléments, les animaux, les
plantes ; je jette des regards étonnés ſur
tout ce qui m'environne, je cherche quel
eſt mon auteur, & celui de cette ma-

chine immenfe dont je fuis à peine une roue imperceptible.

Je ne fuis pas venu de rien : car la fubftance de mon pere, & de ma mere qui m'a porté neuf mois dans fa matrice, eft quelque chofe. Il m'eft évident que le germe qui m'a produit n'a pu être produit de rien; car comment le néant produirait-il l'exiftence? je me fens fub-jugué par cette maxime de toute l'anti-quité, *rien ne vient du néant, rien ne peut retourner au néant.* Cet axiome porte en lui une force fi terrible, qu'il enchaîne tout mon entendement, fans que je puiffe me débattre contre lui. Au-cun Philofophe ne s'en eft écarté; aucun Légiflateur, quel qu'il foit, ne l'a con-tefté. Le *Cahut* des Phéniciens, le *Cahos* des Grecs, le *Tohu bohu* des Caldéens & des Hébreux, tout nous attefte qu'on a toujours cru l'éternité de la matiere.

Ma raifon , trompée peut-être par cette idée fi ancienne & fi générale , me dit: Il faut bien que la matiere foit éternelle, puifqu'elle exifte ; fi elle était hier , elle était auparavant. Je n'apperçois aucune vraifemblance qu'elle ait commencé à être, aucune caufe pour laquelle elle n'ait pas été, aucune caufe pour laquelle elle ait reçu l'exiftence dans un temps plutôt que dans un autre. Je cede donc à cette conviction, foit fondée, foit erronée ; & je me range du parti du monde en- tier, jufqu'à ce qu'ayant avancé dans mes recherches , je trouve une lumiere fu- périeure au jugement de tous les hom- mes, qui me force à me rétracter malgré moi.

Mais , fi comme tant de Philofophes de l'antiquité l'ont penfé , l'Etre éternel a toujours agi , que deviendront le *Ca- hut* & l'*Ereb* des Phéniciens, le *Tohu bohu*

des

des Caldéens, le *Cahos* d'*Héfiode* ? il ref-
tera dans les fables. Le *Cahos* eft impoffible aux yeux de la raifon ; car il eft impoffible que l'intelligence étant éternelle,
il y ait jamais eu quelque chofe d'oppofé
aux loix de l'intelligence ; or le *Cahos* eft
précifément l'oppofé de toutes les loix
de la nature. Entrez dans la caverne la
plus horrible des Alpes, fous ces débris
de rochers, de glace, de fable, d'eaux,
de cryftaux, de minéraux informes, tout
y obéit à la gravitation. Le *Cahos* n'a jamais été que dans nos têtes, & n'a fervi
qu'à faire compofer de beaux vers à *Héfiode* & à *Ovide*.

Si notre Sainte-Ecriture a dit que le
*Cahos* exiftait, fi le *Tohu bohu* a été adopté par elle, nous le croyons fans doute,
& avec la foi la plus vive. Nous ne par-
lons ici que fuivant les lueurs trompeu-
fes de notre raifon. Nous nous fommes

C

bornés, comme nous l'avons dit, à voir ce que nous pouvons foupçonner par nous-mêmes. Nous fommes des enfants qui effayons de faire quelques pas fans lifieres.

## XV. *Intelligence.*

Mais en appercevant l'ordre, l'artifice prodigieux, les Loix méchaniques & géométriques qui regnent dans l'Univers, les moyens, les fins innombrables de toutes chofes, je fuis faifi d'admiration & de refpect. Je juge incontinent que fi les ouvrages des hommes, les miens même, me forcent à reconnaître en nous une intelligence, je dois en reconnaître une bien fupérieurement agiffante dans la multitude de tant d'ouvrages. J'admets cette Intelligence fuprême, fans craindre que jamais on puiffe me faire changer d'opinion. Rien n'ébranle en moi cet axiome, tout ouvrage démontre un Ouvrier.

## XVI. *Eternité.*

Cette Intelligence eſt-elle éternelle? Sans doute ; car ſoit que j'aie admis ou rejetté l'éternité de la matiere , je ne peux rejetter l'exiſtence éternelle de ſon Artiſan ſuprême ; & il eſt évident que s'il exiſte aujourd'hui, il a exiſté toujours.

## XVII. *Incompréhenſibilité.*

Je n'ai fait encor que deux ou trois pas dans cette vaſte carriere ; je veux ſavoir ſi cette intelligence divine eſt quelque choſe d'abſolument diſtinct de l'U-nivers , à-peu-près comme le Sculpteur eſt diſtingué de la ſtatue ; ou ſi cette ame du monde eſt unie au monde, & le pénetre à-peu-près encore comme ce que j'appelle mon ame eſt uni à moi, &

selon cette idée de l'antiquité si bien ex-
primée dans *Virgile* & dans *Lucain :*

*Mens agitat molem & magno se corpore miscet.*
*Juppiter est quodcumque vides quocumque moveris.*

Je me vois arrêté tout-à-coup dans
ma vaine curiosité. Misérable mortel, si
je ne puis sonder ma propre intelligence, si je ne puis savoir ce qui m'anime,
comment connaîtrai-je l'intelligence inef-
fable qui préside visiblement à la matiere entiere ? Il y en a une, tout me
le démontre ; mais où est la boussole qui
me conduira vers sa demeure éternelle
& ignorée ?

## XVIII. *Infini.*

Cette Intelligence est-elle infinie en
puissance & en immensité, comme elle
est incontestablement infinie en durée ?
je n'en puis rien savoir par moi-même.

Elle exiſte , donc elle a toujours exiſté, cela eſt clair. Mais quelle idée puis-je avoir d'une puiſſance infinie ? Comment puis-je concevoir un infini actuellement exiſtant ? Comment puis-je imaginer que l'Intelligence ſuprème eſt dans le vuide ? Il n'en eſt pas de l'infini en étendue comme de l'infini en durée. Une durée infinie s'eſt écoulée au moment que je parle, cela eſt ſûr ; je ne peux rien ajouter à cette durée paſſée, mais je peux toujours ajouter à l'eſpace que je conçois, comme je peux ajouter aux nombres que je conçois. L'infini en nombres & en étendue eſt hors de la ſphere de mon entendement. Quelque choſe qu'on me diſe, rien ne m'éclaire dans cet abyme. Je ſens heureuſement que mes difficultés & mon ignorance ne peuvent préjudicier à la morale ; on aura beau ne pas concevoir ni l'immenſité de l'eſpace remplie , ni la puiſſance infinie qui a tout fait , & qui cependant peut encor faire ; cela ne ſervira qu'à prouver de plus en plus la faibleſſe de notre entendement ; & cette faibleſſe ne nous rendra que plus ſoumis à l'Etre éternel dont nous ſommes l'ouvrage.

### XIX. *Ma dépendance.*

Nous ſommes ſon ouvrage. Voilà une vérité intéreſſante pour nous ; car de ſavoir par la Philoſophie en quel temps il fit l'homme, ce qu'il faiſait auparavant, s'il eſt dans la matiere , s'il eſt dans le vuide, s'il eſt dans un point, s'il agit toujours ou non, s'il agit par-tout, s'il agit hors de lui ou dans lui ; ce ſont des recherches qui redoublent en moi le ſentiment de mon ignorance profonde.

Je vois même qu'à peine il y a eu une douzaine d'hommes en Europe qui aient écrit fur ces chofes abftraites avec un peu de méthode ; & quand je fuppoferais qu'ils ont parlé d'une maniere intelligible , qu'en réfulterait-il ? Nous avons déjà reconnu, (Nomb. IV.) que les chofes que fi peu de perfonnes peuvent fe flatter d'entendre , font inutiles au refte du genre-humain. Nous fommes certainement l'ouvrage de DIEU, c'eft là ce qui m'eft utile de favoir ; auffi la preuve en eft-elle palpable. Tout eft moyen & fins dans mon corps, tout y eft reffort, poulie, force mouvante, machine hydraulique , équilibre de liqueurs, laboratoire de Chymie. Il eft donc arrangé par une Intelligence. (Nomb. XV.) Ce n'eft pas l'intelligence de mes parents à qui je dois cet arrangement, car affurément ils ne favaient ce qu'ils faifaient quand ils m'ont mis au monde ; ils n'étaient que les aveugles inftruments de cet éternel fabricateur, qui anime le ver de terre, & qui fait tourner le soleil sur son axe.

### XX. *Eternité encore.*

Né d'un germe venu d'un autre germe, y a-t-il eu une succession continuelle, un développement sans fin de ces germes, & toute la nature a-t-elle toujours existé par une suite nécessaire de cet Etre suprême qui existait de lui-même ? Si je n'en croyais que mon faible entendement, je dirais : Il me paraît que la Nature a toujours été animée. Je ne puis concevoir que la cause qui agit continuellement & visiblement sur elle, pouvant agir dans tous les temps, n'ait pas agi toujours. Une éternité d'oisiveté dans l'Etre agissant & nécessaire, me semble incompatible. Je suis porté à croire que le Monde a toujours émané de cette caufe primitive & néceffaire, comme la lumiere émane du Soleil. Par quel enchaînement d'idées me vois-je toujours entraîné à croire éternelles les œuvres de l'Etre éternel? Ma conception, toute pufillanime qu'elle eft, a la force d'atteindre à l'Etre néceffaire exiftant par lui-même, & n'a pas la force de concevoir le néant. L'exiftence d'un feul atome, me prouve l'éternité de l'exiftence; mais rien ne me prouve le néant. Quoi! il y aurait eu le *rien* dans l'efpace où eft aujourd'hui quelque chofe? Cela paraît abfurde & contradictoire. Je ne puis admettre ce *rien*, à moins que la révélation ne vienne fixer mes idées qui s'emportent au-delà des temps.

Je fais bien qu'une fucceffion infinie d'êtres qui n'auraient point d'origine, eft auffi abfurde; *Samuël Clarke* le démontre affez; mais il n'entreprend pas ſeulement d'affirmer que DIEU n'ait pas tenu cette chaîne de toute éternité; il n'oſe pas dire qu'il ait été ſi long-temps impoſſible à l'Etre éternellement actif de déployer ſon action. Il eſt évident qu'il l'a pu; &, s'il la pu, qui ſera aſſez hardi pour me dire qu'il ne l'a pas fait? La révélation ſeule, encor une fois, peut m'apprendre le contraire. Mais nous n'en ſommes pas encor à cette révélation qui écraſe toute philoſophie, à cette lumiere devant qui toute lumiere s'évanouit.

### XXI. *Ma dépendance encore.*

Cet Etre éternel, cette cauſe univerſelle, me donne mes idées; car ce ne ſont pas les objets qui me les donnent. Une matiere brute ne peut envoyer des penſées dans ma tête; mes penſées ne viennent pas de moi, car elles arrivent malgré moi, & ſouvent s'enfuient de même.

On fait affez qu'il n'y a nulle reffemblance, nul rapport entre les objets & nos idées & nos fenfations. Certes il y avait quelque chofe de fublime dans ce *Mallebranche*, qui ofait prétendre que nous voyons tout dans DIEU même. Mais n'y avait-il rien de fublime dans les Stoïciens, qui penfaient que c'eft DIEU qui agit en nous, & que nous poffédons un rayon de fa fubftance ? Entre le rêve de *Mallebranche* & le rêve des Stoïciens, où eft la réalité ? Je retombe (Nomb. II.) dans l'ignorance, qui eft l'apanage de ma nature, & j'adore le DIEU par qui je penfe, fans favoir comment je penfe.

## XXII. *Nouveau doute.*

Convaincu par mon peu de raifon qu'il y a un Etre néceffaire, éternel, intelligent, de qui je reçois mes idées, fans pouvoir deviner ni le comment, ni le pourquoi, je demande ce que c'eſt que cet Etre? s'il a la forme des eſpeces intelligentes & agiſſantes ſupérieures à la mienne dans d'autres globes ? J'ai déjà dit que je n'en ſavais rien. (Nomb. I. ) Néanmoins, je ne puis affirmer que cela ſoit impoſſible ; car j'apperçois des planetes très - ſupérieures à la mienne en étendue, entourées de plus de ſatellites que la Terre. Il n'eſt point du tout contre la vraiſemblance qu'elles ſoient peuplées d'intelligences très-ſupérieures à moi, & de corps plus robuſtes, plus agiles & plus durables. Mais leur exiſtence n'ayant nul rapport à la mienne, je laiſſe aux Poëtes de l'antiquité le ſoin de faire deſcendre *Vénus* de ſon prétendu troiſieme Ciel, & *Mars* du cinquieme ; je ne dois rechercher que l'action de l'Etre néceſſaire ſur moi-même.

## XXIII. *Un feul Artifan fuprême.*

Une grande partie des hommes voyant le mal phyfique & le mal moral répandus fur ce globe, imagina deux Etres puiffants, dont l'un produifait tout le bien, & l'autre tout le mal. S'ils exiftaient, ils étaient néceffaires ; ils exiftaient donc néceffairement dans le même lieu ; car il n'y a point de raifon pourquoi ce qui exifte par fa propre nature ferait exclus d'un lieu ; ils fe pénétreraient donc l'un l'autre, cela eft abfurde. L'idée de ces deux puiffances ennemies ne peut tirer fon origine que des exemples qui nous frappent fur la terre ; nous y voyons des hommes doux & des hommes féroces, des animaux utiles & des animaux nuifibles, de bons maîtres & des tyrans. On imagina ainfi deux pouvoirs contraires qui préfidaient

à la Nature ; ce n'est qu'un Roman Afia-
tique. Il y a dans toute la nature une
unité de deffein manifefte ; les loix du
mouvement & de la pefanteur font inva-
riables ; il eft impoffible que deux Ar-
tifans fuprêmes, entiérement contraires
l'un à l'autre, aient fuivi les mêmes
loix. Cela feul, à mon avis, renverfe le
fyftème Manichéen, & on n'a pas befoin
de gros volumes pour le combattre.

. Il eft donc une Puiffance unique,
éternelle, à qui tout eft lié, de qui tout
dépend, mais dont la nature m'eft incompréhenfible. *Saint Thomas* nous dit,
*que* DIEU *eft un pur acte, une forme,*
*qui n'a ni genre, ni prédicat, qu'il eft la*
*nature & le fuppôt, qu'il exifte effentiel-*
*lement, participativement, & noncupati-*
*vement.* Lorfque les Dominicains furent
les maîtres de l'Inquifition, ils auraient
fait brûler un homme qui aurait nié ces

belles chofes ; je ne les aurais pas niées, mais je ne les aurais pas entendues.

On me dit que DIEU eſt fimple, j'avoue humblement que je n'entends pas la valeur de ce mot davantage. Il eſt vrai que je ne lui attribuerai pas des parties groſſieres que je puiſſe féparer; mais je ne puis concevoir que le principe & le maître de tout ce qui eſt dans l'étendue, ne foit pas dans l'étendue. La fimplicité, rigoureufement parlant, me paraît trop femblable au non-être. L'extrême faibleſſe de mon intelligence n'a point d'inſtrument aſſez fin pour faifir cette fimplicité. Le point mathématique eſt fimple, me dira-t-on; mais le point mathématique n'exiſte pas réellement.

On dit encor qu'une idée eſt fimple, mais je n'entends pas cela davantage. Je vois un cheval, j'en ai l'idée, mais je n'ai vu en lui qu'un aſſemblage de chofes.

Je vois une couleur, j'ai l'idée de couleur ; mais cette couleur est étendue. Je prononce les noms abstraits de couleur en général, de vice, de vertu, de vérité en général ; mais c'est que j'ai eu connaissance de choses colorées, de choses qui m'ont paru vertueuses ou vicieuses, vraies ou fausses. J'exprime tout cela par un mot ; mais je n'ai point de connaissance claire de la simplicité ; je ne sais pas plus ce que c'est, que je ne sais ce que c'est qu'un infini en nombres actuellement existant.

Déjà convaincu que ne connaissant pas ce que je suis, je ne puis connaître ce qu'est mon auteur. Mon ignorance m'accable à chaque instant, & je me console en réfléchissant sans cesse qu'il n'importe pas que je sache si mon Maître est ou non dans l'étendue, pourvu que je ne fasse rien contre la conscience qu'il m'a don-

donnée. De tous les fyftêmes que les hommes ont inventés fur la Divinité, quel fera donc celui que j'embrafferai? Aucun, finon celui de l'adorer.

## XXIV. *Spinofa.*

Après m'être plongé avec *Talès* dans l'eau, dont il faifait fon premier principe, après m'être roufli auprès du feu d'*Empédocle*, après avoir couru dans le vuide en ligne droite avec les atomes d'*Epicure*, fupputé des nombres avec *Pythagore*, & avoir entendu fa mufique; après avoir rendu mes devoirs aux *Androgines* de *Platon*, & ayant paffé par toutes les régions de la Métaphyfique & de la folie; j'ai voulu enfin connaître le fyftème de *Spinofa.*

Il n'eft pas nouveau; il eft imité de quelques anciens Philofophes Grecs, & même de quelques Juifs; mais *Spinofa* a fait ce qu'aucun Philosophe Grec, encor moins aucun Juif, n'a fait. Il a employé une méthode géométrique imposante, pour se rendre un compte net de ses idées : voyons s'il ne s'est pas égaré méthodiquement, avec le fil qui le conduit?

Il établit d'abord une vérité incontestable & lumineuse. Il y a quelque chose, donc il existe éternellement un Etre nécessaire. Ce principe est si vrai, que le profond *Samuël Clarke* s'en est servi pour prouver l'existence de DIEU.

Cet Etre doit se trouver par-tout où est l'existence; car qui le bornerait?

Cet Etre nécessaire est donc tout ce qui existe; il n'y a donc réellement qu'une seule substance dans l'Univers.

Cette substance n'en peut créer une autre; car puisqu'elle remplit tout, où mettre une substance nouvelle, & comment créer quelque chose du néant ? Comment créer l'étendue ſans la placer dans l'étendue même, laquelle exiſte néceſſairement ?

Il y a dans le monde la penſée & la matiere ; la ſubſtance néceſſaire que nous appellons Dieu, eſt donc la penſée & la matiere. Toute penſée & toute matiere eſt donc compriſe dans l'immenſité de Dieu : il ne peut y avoir rien hors de lui ; il ne peut agir que dans lui ; il comprend tout, il eſt tout.

Ainſi tout ce que nous appellons ſubſtances différentes n'eſt en effet que l'univerſalité des différents attributs de l'Etre ſuprême, qui penſe dans le cerveau des hommes, éclaire dans la lumiere, ſe meut ſur les vents, éclate dans le tonnerre, parcourt l'eſpace dans tous les aſtres, & vit dans toute la Nature.

Il n'eſt point comme un vil Roi de la

Terre confiné dans son Palais, séparé de ses Sujets ; il est intimément uni à eux ; ils sont des parties nécessaires de lui-même ; s'il en était distingué, il ne serait plus l'Etre nécessaire, il ne serait plus universel, il ne remplirait point tous les lieux, il serait un Etre à part comme un autre.

Quoique toutes les modalités changeantes dans l'Univers soient l'effet de ses attributs, cependant, selon *Spinosa*, il n'a point de parties ; car, dit-il, l'infini n'en a point de proprement dite ; s'il en avait, on pourrait en ajouter d'autres, & alors il ne serait plus infini. Enfin *Spinosa* prononce qu'il faut aimer ce Dieu nécessaire, infini, éternel ; & voici ses propres paroles, *page 45 de l'édition de 1731.*

„ A l'égard de l'amour de Dieu, loin „ que cette idée le puisse affaiblir, j'es-

,, time qu'aucune autre n'est plus pro-
,, pre à l'augmenter ; puisqu'elle me fait
,, connaître que DIEU est intime à mon
,, être , qu'il me donne l'existence &
,, toutes mes propriétés , mais qu'il me
,, les donne libéralement, sans reproche,
,, sans intérêt, sans m'assujettir à autre
,, chose qu'à ma propre nature. Elle
,, bannit la crainte, l'inquiétude, la dé-
,, fiance, & tous les défauts d'un amour
,, vulgaire ou intéressé. Elle me fait sen-
,, tir que c'est un bien que je ne puis
,, perdre, & que je possede d'autant
,, mieux que je le connais & que je
,, l'aime.

Ces idées séduisirent beaucoup de Lecteurs ; il y en eut même qui ayant d'a-
bord écrit contre lui, se rangerent à son
opinion.

On reprocha au savant *Bayle* d'avoir
attaqué durement *Spinosa* sans l'enten-

dre. Durement, j'en conviens ; injuste-
ment, je ne le crois pas. Il serait étrange
que *Bayle* ne l'eût pas entendu. Il décou-
vrit aisément l'endroit faible de ce châ-
teau enchanté ; il vit qu'en effet *Spinofa*
compofe fon DIEU de parties, quoiqu'il
foit réduit à s'en dédire, effrayé de fon
propre fyftême. *Bayle* vit combien il eft
infenfé de faire DIEU aftre & citrouille,
penfée & fumier, battant & battu. Il
vit que cette fable eft fort au-deffous de
celle de *Prothée*. Peut-être *Bayle* devait-il
s'en tenir au mot de *modalités*, & non
pas de *parties*, puifque c'eft ce mot de
modalités que *Spinofa* emploie toujours.
Mais il eft également impertinent, fi je
ne me trompe, que l'excrément d'un
animal foit une modalité ou une partie
de l'Etre fuprême.

Il ne combattit point, il eft vrai, les
raifons par lefquelles *Spinofa* foutient

l'impoſſibilité de la création : mais c'eſt
que la création proprement dite eſt un
objet de foi, & non pas de philoſophie ;
c'eſt que cette opinion n'eſt nullement
particuliere à *Spinoſa*, c'eſt que toute
l'antiquité avait penſé comme lui. Il
n'attaque que l'idée abſurde d'un DIEU
ſimple, compoſé de parties, d'un DIEU
qui ſe mange & qui ſe digere lui-même,
qui aime & qui hait la même choſe en
même-temps, &c. *Spinoſa* ſe ſert toujours du mot DIEU, *Bayle* le prend par
ſes propres paroles.

Mais au fond, *Spinoſa* ne reconnaît
point de DIEU ; il n'a probablement employé cette expreſſion, il n'a dit qu'il
faut ſervir & aimer DIEU, que pour ne
point effaroucher le Genre-humain. Il
paraît Athée dans toute la force de ce
terme ; il n'eſt point Athée comme *Epi-*
*cure*, qui reconnaiſſait des Dieux inutiles

& oififs; il ne l'eft point comme la plupart des Grecs & des Romains, qui fe moquaient des Dieux du vulgaire; il l'eft parce qu'il ne reconnaît nulle Providence, parce qu'il n'admet que l'éternité, l'immenfité, & la néceffité des chofes; il l'eft comme *Straton*, comme *Diagoras*; il ne doute pas comme *Pyrrhon*, il affirme; & qu'affirme-t-il? qu'il n'y a qu'une feule fubftance, qu'il ne peut y en avoir deux, que cette fubftance eft étendue & penfante, & c'eft ce que n'ont jamais dit les Philofophes Grecs & Afiatiques qui ont admis une ame univerfelle.

Il ne parle en aucun endroit de fon Livre des deffeins marqués qui fe manifeftent dans tous les êtres. Il n'examine point fi les yeux font faits pour voir, les oreilles pour entendre, les pieds pour marcher, les ailes pour voler; il ne confidere ni les loix du mouvement dans les animaux & dans les plantes , ni leur ſtructure adaptée à ces loix, ni la profonde Mathématique qui gouverne le cours des aſtres : il craint d'appercevoir que tout ce qui exiſte atteſte une Providence divine ; il ne remonte point des effets à leur cauſe, mais ſe mettant tout d'un coup à la tête de l'origine des choſes, il bâtit ſon Roman comme *Deſcartes* a conſtruit le ſien, ſur une ſuppoſition. Il ſuppoſait le plein avec *Deſcartes*, quoiqu'il ſoit démontré en rigueur que tout mouvement eſt impoſſible dans le plein. C'eſt là principalement ce qui lui fit regarder l'Univers comme une ſeule ſubſtance. Il a été la dupe de ſon eſprit géométrique. Comment *Spinoſa* ne pouvant douter que l'intelligence & la matiere exiſtent , n'a-t-il pas examiné au moins ſi la Providence n'a pas tout arrangé ?

comment n'a-t-il pas jetté un coup d'œil
sur ces reſſorts, sur ces moyens dont
chacun a ſon but, & recherché s'ils
prouvent un Artiſan ſuprême. Il fallait
qu'il ſût ou un Phyſicien bien ignorant,
ou un Sophiſte gonflé d'un orgueil bien
ſtupide, pour ne pas reconnaître une Providence toutes les fois qu'il reſpirait &
qu'il ſentait ſon cœur battre ; car cette
reſpiration & ce mouvement du cœur
ſont des effets d'une machine ſi induſ-
trieuſement compliquée, arrangée avec
un art ſi puiſſant, dépendante de tant
de reſſorts, concourant tous au même
but, qu'il eſt impoſſible de l'imiter, &
impoſſible à un homme de bon ſens de
ne la pas admirer.

Les Spinoſiſtes modernes répondent :
Ne vous effarouchez pas des conſéquen-
ces que vous nous imputez ; nous trouvons comme vous une ſuite d'effets ad-

mirables dans les corps organifés & dans toute la Nature. La caufe éternelle eft dans l'Intelligence éternelle que nous admettons, & qui avec la matiere conftitue l'univerfalité des chofes qui eft DIEU. Il n'y a qu'une feule fubftance qui agit par la même modalité de fa penfée fur fa modalité de la matiere, & qui conftitue ainfi l'Univers, qui ne fait qu'un tout inféparable.

On replique à cette réponfe : Comment pouvez-vous nous prouver que la penfée qui fait mouvoir les aftres, qui anime l'homme, qui fait tout, foit une modalité, & que les déjeétions d'un crapaud & d'un ver foient une autre modalité de ce même Etre fouverain? Oferiez-vous dire qu'un fi étrange principe vous eft démontré? Ne couvrez-vous pas votre ignorance par des mots que vous n'entendez point? *Bayle* a très-

bien démêlé les sophismes de votre maître dans les détours & dans les obscurités du style prétendu géométrique, &
réellement très-confus de ce maître. Je
vous renvoie à lui ; des Philosophes ne
doivent pas recuser *Bayle*.

Quoi qu'il en soit, je remarquerai de
*Spinosa* qu'il se trompait de très-bonne
foi. Il me semble qu'il n'écartait de son
système les idées qui pouvaient lui nui-
re, que parce qu'il était trop plein des
siennes ; il suivait sa route sans regarder rien de ce qui pouvait la traverser,
& c'est ce qui nous arrive trop souvent.
Il y a plus, il renversait tous les principes de la Morale, en étant lui-même
d'une vertu rigide ; sobre, jusqu'à ne
boire qu'une pinte de vin en un mois ;
désintéressé, jusqu'à remettre aux héritiers
de l'infortuné *Jean de Wit* une pension
de deux cents florins que lui faisait ce

grand homme ; généreux, jufqu'à donner fon bien ; toujours patient dans fes maux & dans fa pauvreté, toujours uniforme dans fa conduite.

*Bayle* qui l'a fi maltraité, avait à-peu-près le même caractere. L'un & l'autre ont cherché la vérité toute leur vie par des routes différentes. *Spinofa* fait un fyftême fpécieux en quelques points, & bien erroné dans le fond. *Bayle* a combattu tous les fyftêmes : qu'eft-il arrivé des écrits de l'un & de l'autre ? Ils ont occupé l'oifiveté de quelques Lecteurs ; c'eft à quoi tous les écrits fe réduifent ; & depuis *Thalès* jufqu'aux Profeffeurs de nos Univerfités, & jufqu'aux plus chimériques raifonneurs, & jufqu'à leurs plagiaires, aucun Philofophe n'a influé feulement fur les mœurs de la rue où ils demeuraient. Pourquoi ? Parce que les hommes fe conduifent par la coutume, & non par la Métaphyfique.

## XXV. *Absurdités.*

Voilà bien des voyages dans des terres inconnues; ce n'est rien encore. Je
me trouve comme un homme qui ayant
erré sur l'Océan, & appercevant les Isles
Maldives dont la mer Indienne est se-
mée, veut les visiter toutes. Mon grand
voyage ne m'a rien valu; voyons si je
ferai quelque gain dans l'observation de
ces petites Isles, qui ne semblent servir
qu'à embarrasser la route.

Il y a une centaine de cours de Philosophie où l'on m'explique des choses
dont personne ne peut avoir la moindre
notion. Celui-ci veut me faire compren-
dre la Trinité par la Physique; il me
dit qu'elle ressemble aux trois dimen-
sions de la matiere. Je le laisse dire, &
je passe vîte. Celui-là prétend me faire

toucher au doigt la Tranſſubſtantiation, en me montrant, par les loix du mouvement, comment un accident peut exiſter ſans ſujet, & comment un même corps peut être en deux endroits à la ſois. Je me bouche les oreilles, & je paſſe plus vîte encore.

*Paſcal*, *Blaiſe Paſcal* lui-même, l'Auteur des *Lettres Provinciales*, profere ces paroles : *Croyez-vous qu'il ſoit impoſſible que* DIEU *ſoit infini & ſans parties ? Je veux donc vous faire voir une choſe indiviſible & infinie ; c'eſt un point, ſe mouvant par-tout d'une vîteſſe infinie, car il eſt en tous lieux tout entier dans chaque endroit.*

Un point mathématique qui ſe meut ! juſte Ciel ! un point qui n'exiſte que dans la tête du Géometre, qui eſt par tout & en même-temps, & qui a une vîteſſe infinie, comme ſi la vîteſſe infinie actuelle

pouvait exifter ! Chaque mot eft une folie , & c'eft un grand homme qui a dit
ces folies!

Votre ame eft fimple , incorporelle,
intangible, me dit cet autre ; & comme
aucun corps ne peut la toucher, je vais
vous prouver par la phyfique d'*Albert
le Grand* , qu'elle fera brulée phyfique-
ment, fi vous n'êtes pas de mon avis ; &
voici comme je vous le prouve *à priori* , en fortifiant *Albert* par les fyllogif-
mes d'*Abeli*. Je lui réponds que je n'entends pas fon *priori* ; que je trouve fon
compliment très-dur ; que la Révélation
dont il ne s'agit pas entre nous, peut
feule m'apprendre une chofe fi incompréhenfible ; que je lui permets de n'être
pas de mon avis , fans lui faire aucune
menace ; & je m'éloigne de lui, de peur
qu'il ne me joue un mauvais tour ; car cet
homme me paraît bien méchant.

Une

Une foule de Sophistes de tout Pays & de toutes sectes m'accable d'arguments inintelligibles sur la nature des choses, sur la mienne, sur mon état passé, présent & futur. Si on leur parle de manger & de boire, de vêtement, de logement, des denrées nécessaires, de l'argent avec lequel on se les procure, tous s'entendent à merveilles; s'il y a quelques pistoles à gagner, chacun d'eux s'empresse, personne ne se trompe d'un denier; & quand il s'agit de tout notre être, ils n'ont pas une idée nette. Le sens commun les abandonne; de là je reviens à ma premiere conclusion (Nombre IV.) que ce qui ne peut être d'un usage universel, ce qui n'est pas à la portée du commun des hommes, ce qui n'est pas entendu par ceux qui ont le plus exercé leur faculté de penser, n'est pas nécessaire au genre-humain.

E

## XXVI. *Du meilleur des mondes.*

En courant de tous côtés pour m'inftruire, je rencontrai des Difciples de *Platon*. Venez avec nous, me dit l'un d'eux ; vous êtes dans le meilleur des mondes ; nous avons bien furpaffé notre maître. Il n'y avait de fon temps que cinq mondes poffibles, parce qu'il n'y a que cinq corps réguliers ; mais actuellement qu'il y a une infinité d'univers poffibles, DIEU a choifi le meilleur ; venez, & vous vous en trouverez bien. Je lui répondis humblement : Les mondes que DIEU pouvait créer, étaient ou meilleurs, ou parfaitement égaux, ou pires. Il ne pouvait prendre le pire. Ceux qui étaient égaux, fuppofé qu'il y en eût, ne valaient pas la préférence ; ils étaient entiérement les mêmes : on n'a pu choifir entre eux : prendre l'un, c'eft prendre l'autre. Il était donc impossible qu'il ne prît pas le meilleur. Mais comment les autres étaient-ils possibles, quand il était impossible qu'ils existassent?

Il me fit de très-belles distinctions, assurant toujours sans s'entendre, que ce monde-ci est le meilleur de tous les mondes réellement impossibles. Mais me sentant alors tourmenté de la pierre, & souffrant des douleurs insupportables, les Citoyens du meilleur des mondes me conduisirent à l'Hôpital voisin. Chemin faisant, deux de ces bienheureux habitants furent enlevés par des créatures leurs semblables : on les chargea de fers, l'un pour quelques dettes, l'autre sur un simple soupçon. Je ne sais pas si je fus conduit dans le meilleur des Hôpitaux possibles; mais je fus entassé avec deux ou trois milles misérables qui souffraient comme moi. Il y avait là plusieurs

défenseurs de la Patrie, qui m'apprirent
qu'ils avaient été trépanés & disséqués vi-
vants, qu'on leur avait coupé des bras,
des jambes, & que plusieurs milliers de
leurs généreux compatriotes avaient été
massacrés dans l'une des trente batailles
données dans la derniere guerre, qui est
environ la cent-millieme guerre depuis
que nous connaissons des guerres. On
voyait aussi dans cette maison environ
mille personnes des deux sexes qui res-
semblaient à des spectres hideux, &
qu'on frottait d'un certain métal, parce
qu'ils avaient suivi la Loi de la Nature,
& parce que la Nature avait je ne sais
comment pris la précaution d'empoison-
ner en eux la source de la vie. Je remer-
ciai mes deux Conducteurs.

Quand on m'eut plongé un fer bien
tranchant dans la vessie, & qu'on eut
tiré quelques pierres de cette carriere;

quand je fus guéri, & qu'il ne me resta
plus que quelques incommodités dou-
loureuses pour le reste de mes jours,
je fis mes repréfentations à mes guides;
je pris la liberté de leur dire qu'il y
avait du bon dans ce Monde, puisqu'on
m'avait tiré quatre cailloux du sein de
mes entrailles déchirées; mais que j'aurais encore mieux aimé que les veffies
euffent été des lanternes, que non pas
qu'elles fuffent des carrieres. Je leur par-
lai des calamités & des crimes innombrables qui couvrent cet excellent Monde. Le plus intrépide d'entre eux, qui
était un Allemand, mon compatriote,
m'apprit que tout cela n'eft qu'une ba-
gatelle.

Ce fut, dit-il, une grande faveur
du Ciel envers le genre-humain, que
*Tarquin* violât *Lucrèce*, & que *Lucrèce*
fe poignardât, parce qu'on chaffa les

Tyrans, & que le viol, le suicide & la guerre établirent une République qui fit le bonheur des Peuples conquis. J'eus peine à convenir de ce bonheur. Je ne conçus pas d'abord quelle était la félicité des Gaulois & des Espagnols, dont on dit que *César* fit périr trois millions. Les dévastations & les rapines me parurent aussi quelque chose de désagréable; mais le Défenseur de l'Optimisme n'en démordit point; il me disait toujours comme le Géolier de *Don Carlos*, *paix*, *paix*, *c'est pour votre bien*. Enfin, étant poussé à bout, il me dit qu'il ne fallait pas prendre garde à ce globule de la Terre, où tout va de travers; mais que dans l'étoile de *Sirius*, dans *Orion*, dans l'œil du *Taureau*, & ailleurs, tout est parfait. Allons-y donc, lui dis-je.

Un petit Théologien me tira alors par le bras; il me confia que ces gens-là étaient des rêveurs, qu'il n'était point du tout nécessaire qu'il y eût du mal sur la Terre, qu'elle avait été formée exprès pour qu'il n'y eût jamais que du bien ; &, pour vous le prouver, sachez que les choses se passèrent ainsi autrefois pendant dix ou douze jours. Hélas ! lui répondis-je, c'est bien dommage, mon Révérend Pere, que cela n'ait pas continué.

## XXVII. *Des Monades, &c.*

Le même Allemand se ressaisit alors de moi ; il m'endoctrina, m'apprit clairement ce que c'est que mon ame. Tout est composé de monades dans la Nature ; votre ame est une monade ; & comme elle a des rapports avec toutes les autres monades du monde, elle a nécessairement des idées de tout ce qui s'y passe ; ces idées sont confuses, ce qui est très-utile ; & votre monade, ainsi que la mienne, est un miroir concentré de cet Univers.

Mais ne croyez pas que vous agissiez en conséquence de vos pensées. Il y a une harmonie préétablie entre la monade de votre ame & toutes les monades de votre corps, de façon que quand votre ame a une idée, votre corps a une action, sans que l'une soit la suite de l'autre. Ce sont deux pendules qui vont ensemble ; ou, si vous voulez, cela ressemble à un homme qui prêche tandis qu'un autre fait les gestes. Vous concevez aisément qu'il faut que cela soit ainsi dans le meilleur des mondes. Car....

## XXVIII. *Des Formes Plastiques.*

Comme je ne comprenais rien du tout à ces admirables idées, un Anglais, nommé *Cudworth*, s'apperçut de mon ignorance à mes yeux fixes, à mon embarras, à ma tête baissée : Ces idées, me dit-il, vous semblent profondes, parce qu'elles sont creuses. Je vais vous apprendre nettement comment la nature agit. Premiérement, il y a la nature en général, ensuite il y a des natures plastiques qui forment tous les animaux & toutes les plantes, vous entendez bien ? Pas un mot, Monsieur. Continuons donc.

Une nature plastique n'est pas une faculté du corps, c'est une substance immatérielle qui agit sans savoir ce qu'elle fait, qui est entiérement aveugle, qui ne sent ni ne raisonne, ni ne végete ; mais la tulippe a sa forme plastique qui la fait végéter ; le chien a sa forme plastique qui le fait aller à la chasse, & l'homme a la sienne qui le fait raisonner. Ces formes sont les agents immédiats de la Divinité. Il n'y a point de Ministres plus fideles au monde, car elles donnent tout,

& ne retiennent rien pour elles. Vous voyez bien que ce font là les vrais principes des chofes, & que les natures plaftiques valent bien l'harmonie préétablie & les monades, qui font les miroirs concentrés de l'Univers. Je lui avouai que l'un valait bien l'autre.

## XXIX. *De Locke.*

Après tant de courfes malheureufes, fatigué, haraffé, honteux d'avoir cherché tant de vérités, & d'avoir trouvé tant de chimeres, je fuis revenu à *Locke,* comme l'enfant prodigue qui retourne chez fon pere ; je me fuis rejetté entre les bras d'un homme modefte, qui ne feint jamais de favoir ce qu'il ne fait pas, qui, à la vérité, ne poffede pas des richeffes immenfes, mais dont les fonds font bien affurés, & qui jouit du bien le plus folide, fans aucune oftentation.

Il me confirme dans l'opinion que j'ai toujours eue, que rien n'entre dans notre entendement que par nos fens.

Qu'il n'y a point de notions innées.

Que nous ne pouvons avoir l'idée ni d'un efpace infini, ni d'un nombre infini.

Que je ne penfe pas toujours, & que par conféquent la penfée n'eft pas l'effence, mais l'action de mon entendement.

Que je fuis libre quand je peux faire ce que je veux.

Que cette liberté ne peut confifter dans ma volonté, puifque lorfque je demeure volontairement dans ma chambre, dont la porte eft fermée, & dont je n'ai pas la clef, je n'ai pas liberté d'en fortir ; puifque je fouffre quand je veux ne pas fouffrir ; puifque très-fouvent je ne peux rappeller mes idées quand je veux les rappeller.

Qu'il est donc absurde au fond de dire, *la volonté est libre*, puisqu'il est absurde de dire, *je veux vouloir cette chose*; car c'est précisément comme si on disait, *je desire de la desirer, je crains de la craindre :* qu'enfin la volonté n'est pas plus libre qu'elle n'est bleue ou quarrée. (*Voyez* l'Article XIII.)

Que je ne puis vouloir qu'en conséquence des idées reçues dans mon cerveau; que je suis nécessité à me déterminer en conséquence de ces idées, puisque sans cela je me déterminerais sans raison, & qu'il y aurait un effet sans cause.

Que je ne puis avoir une idée positive de l'infini, puisque je suis très-fini.

Que je ne puis connaître aucune substance, parce que je ne puis avoir d'idée que de leurs qualités, & que mille qualités d'une chose ne peuvent me faire connaître la nature intime de cette chose, qui peut avoir cent mille autres qualités ignorées.

Que je ne fuis la même perfonne qu'autant que j'ai de la mémoire, & le fentiment de ma mémoire ; car n'ayant pas la moindre partie du corps qui m'appartenait dans mon enfance, & n'ayant pas le moindre fouvenir des idées qui m'ont affecté à cet âge, il eft clair que je ne fuis pas plus ce même enfant que je ne fuis *Confucius* ou *Zoroaftre*. Je fuis réputé la même perfonne par ceux qui m'ont vu croître, & qui ont toujours demeuré avec moi ; mais je n'ai en aucune façon la même exiftence ; je ne fuis plus l'ancien moi-même ; je fuis une nouvelle identité : & de là quelles fingulieres conféquences !

Qu'enfin, conformément à la profonde ignorance dont je me fuis convaincu fur les principes des chofes, il eft impoffible que je puisse connaître quelles sont les subsances auxquelles DIEU daigne accorder le don de sentir & de penser. En effet, y a-t-il des subsances dont l'essence soit de penser, qui pensent toujours, & qui pensent par elles-mêmes? En ce cas, ces subsances, quelles qu'elles soient, sont des Dieux; car elles n'ont nul besoin de l'Etre éternel & formateur, puisqu'elles ont leurs essences sans lui, puisqu'elles pensent sans lui.

Secondement, si l'Etre éternel a fait le don de sentir & de penser à des êtres, il leur a donné ce qui ne leur appartenait pas essentiellement; il a donc pu donner cette faculté à tout être, quel qu'il soit.

Troisiémement, nous ne connaissons aucun être à fond; donc il est impossible que nous sachions si un être est incapable ou non de recevoir le sentiment & la pensée. Les mots de *matiere* &

d'*esprit* ne font que des mots; nous n'avons nulle notion complette de ces deux chofes; donc au fond il y a autant de témérité à dire qu'un corps organifé par DIEU même ne peut recevoir la penfée de DIEU même, qu'il ferait ridicule de dire que l'efprit ne peut penfer.

Quatriémement, je fuppofe qu'il y ait des fubftances purement fpirituelles qui n'aient jamais eu l'idée de la matiere & du mouvement, feront-elles bien reçues à nier que la matiere & **le mouvement** puiffent exifter?

Je fuppofe que la favante Congrégation qui condamna *Galilée* comme impie, & comme abfurde, pour avoir démontré le mouvement de la Terre autour du Soleil, eût eu quelque connaiffance des idées du Chancelier *Bacon*, qui propofait d'examiner fi l'attraction eft donnée à la matiere; je fuppofe que le Rapporteur de

ce Tribunal eût remontré à ces graves
perfonnages, qu'il y avait des gens affez
fous en Angleterre pour foupçonner que
DIEU pouvait donner à toute la matiere, depuis *Saturne* jufqu'à notre petit tas
de boue, une tendance vers un centre,
une attraction, une gravitation, laquelle
ferait abfolument indépendante de toute
impulfion ; puifque l'impulfion agit en
raifon des furfaces, & que cette gravitation agit en raifon des folides. Ne voyez-
vous pas ces Juges de la raifon humaine,
& de DIEU même, dicter auffi-tôt leurs
arrêts, anathématifer cette gravitation que
*Newton* a démontrée depuis, prononcer
que cela eft impoffible à DIEU, & déclarer que la gravitation vers un centre
eft un blafphême ? Je fuis coupable, ce
me femble, de la même témérité, quand
j'ofe affurer que DIEU ne peut faire fentir
& penfer un être organifé quelconque.

Cin-

Cinquiémement, je ne puis douter que DIEU n'ait accordé des sensations de la mémoire, & par conséquent des idées, à la matiere organisée dans les animaux. Pourquoi donc nierai-je qu'il puisse faire le même présent à d'autres animaux? On l'a déjà dit; la difficulté consiste moins à savoir si la matiere organisée peut penser, qu'à savoir comment un être, quel qu'il soit, pense.

La pensée est quelque chose de divin; oui sans doute; & c'est pour cela que je ne saurai jamais ce que c'est que l'être pensant. Le principe du mouvement est divin; & je ne saurai jamais la cause de ce mouvement dont tous mes membres exécutent les loix.

L'enfant d'*Ariftote* étant en nourrice, attirait dans sa bouche le tetton qu'il suçait, en formant précisément avec sa langue qu'il retirait, une machine pneumatique, en pompant l'air, en formant du vuide; tandis que son pere ne savait rien de tout cela, & disait au hazard, que la Nature abhorre le vuide.

L'enfant d'*Hipocrate*, à l'âge de quatre ans, prouvait la circulation du sang en passant son doigt sur sa main; & *Hipocrate* ne savait pas que le sang circulât.

Nous sommes ces enfants, tous tant que nous sommes; nous opérons des choses admirables; & aucun des Philosophes ne sait comment elles s'operent.

Sixiémement, voilà les raisons, ou plutôt les doutes que me fournit ma faculté intellectuelle sur l'assertion modeste de *Locke*. Je ne dis point, encor une fois, que c'est la matiere qui pense en nous; je dis avec lui, qu'il ne nous appartient pas de prononcer qu'il soit impossible à DIEU de faire penser la matiere; qu'il est absurde de le prononcer; &

que ce n'eſt pas à des vers de terre à borner la puiſſance de l'Etre ſuprême.

Septiémement, j'ajoute que cette queſtion eſt abſolument étrangere à la Morale ; parce que , ſoit que la matiere puiſſe penſer ou non , quiconque penſe doit être juſte ; parce que l'atome à qui Dieu aura donné la penſée, peut mériter ou démériter , être puni ou récompenſé, & durer éternellement ; auſſi-bien que l'Etre inconnu, appellé autrefois *ſouffle*, & aujourd'hui *eſprit*, dont nous avons encor moins de notion que d'un atome.

Je ſais bien que ceux qui ont cru que l'être nommé *ſouffle* pouvait ſeul être ſuſceptible de ſentir & de penſer, ont perſécuté ceux qui ont pris le parti du ſage *Locke*, & qui n'ont pas oſé borner la puiſſance de Dieu à n'animer que ce ſouffle. Mais quand l'Univers entier croyait que l'ame était un corps léger,

un souffle, une substance de feu, aurait-
on bien fait de persécuter ceux qui sont
venus nous apprendre que l'ame est immatérielle? Tous les Peres de l'Eglise
qui ont cru l'ame un corps délié, auraient-ils eu raison de persécuter les
autres Peres qui ont apporté aux hommes l'idée de l'immatérialité parfaite?
Non, sans doute; car le persécuteur est
abominable. Donc ceux qui admettent
l'immatérialité parfaite sans la compren-
dre, ont dû tolérer ceux qui la rejet-
taient, parce qu'ils ne la comprenaient
pas. Ceux qui ont refusé à Dieu le
pouvoir d'animer l'être inconnu, appellé
*matiere*, ont dû tolérer aussi ceux qui
n'ont pas osé dépouiller Dieu de ce
pouvoir; car il est bien malhonnête de
se haïr pour des syllogismes.

## XXX. *Qu'ai-je appris jusqu'à présent?*

J'ai donc compté avec *Locke* & avec moi-même, & je me suis trouvé possesseur de quatre ou cinq vérités, dégagé d'une centaine d'erreurs, & chargé d'une immense quantité de doutes. Je me suis dit ensuite à moi-même : Ce peu de vérités que j'ai acquises par ma raison, sera entre mes mains un bien stérile, si je n'y puis trouver quelques principes de morale. Il est beau à un aussi chétif animal que l'homme, de s'être élevé à la connaissance du Maître de la Nature : mais cela ne me servira pas plus que la science de l'Algebre, si je n'en tire quelque regle pour la conduite de ma vie.

## XXXI. *Y a-t-il une Morale?*

Plus j'ai vu des hommes différents par le climat, les mœurs, le langage, les loix, le culte, & par la mesure de leur intelligence, & plus j'ai remarqué qu'ils ont tous le même fonds de morale. Ils ont tous une notion grossière du juste & de l'injuste, sans savoir un mot de Théologie. Ils ont tous acquis cette même notion dans l'âge où la raison se déploie, comme ils ont tous acquis naturellement l'art de soulever des fardeaux avec des bâtons, & de passer un ruisseau sur un morceau de bois, sans avoir appris les Mathématiques.

Il m'a donc paru que cette idée du juste & de l'injuste leur était nécessaire, puisque tous s'accordaient en ce point, dès qu'ils pouvaient agir & raisonner. L'intelligence suprême qui nous a formés, a donc voulu qu'il y eût de la justice sur la Terre, pour que nous pussions y vivre un certain temps. Il me semble que n'ayant ni instinct pour nous nourrir comme les animaux, ni armes naturelles comme eux, & végétant plufieurs années dans l'imbécillité d'une enfance expofée à tous les dangers, le peu qui ferait refté d'hommes échappés aux dents des bêtes féroces, à la faim, à la mifere, fe feraient occupés à fe difputer quelque nourriture & quelques peaux de bêtes, & qu'ils fe feraient bientôt détruits comme les enfants du dragon de *Cadmus*, fi-tôt qu'ils auraient pu fe fervir de quelque arme. Du moins il n'y aurait eu aucune fociété, fi les hommes n'avaient conçu l'idée de quelque jufti-ce, qui eft le lien de toute fociété.

Comment l'Egyptien qui élevait des pyramides & des obélifques, & le Scythe errant qui ne connaiffait pas même les cabanes, auraient-ils eu les mêmes notions fondamentales du jufte & de l'injufte, fi D i e u n'avait donné de tout temps

à l'un & à l'autre cette raison qui, en se
développant, leur fait appercevoir les
mêmes principes nécessaires, ainsi qu'il
leur a donné des organes, qui, lorsqu'ils
ont atteint le degré de leur énergie, per-
pétuent nécessairement, & de la même
façon, la race du Scythe & de l'Egyptien?
Je vois une horde barbare, ignorante,
superstitieuse, un Peuple sanguinaire &
usurier, qui n'avait pas même de terme
dans son jargon pour signifier la Géo-
métrie & l'Astronomie ; cependant ce
Peuple a les mêmes loix fondamentales
que le sage Caldéen, qui a connu les routes des astres, & que le Phénicien plus
savant encor, qui s'est servi de la connaissance des astres pour aller fonder des
colonies aux bornes de l'Hémisphere, où
l'Océan se confond avec la Méditer-
ranée. Tous ces Peuples assurent qu'il
faut respecter son pere & sa mere, que

le parjure, la calomnie, l'homicide font abominables. Ils tirent donc tous les mêmes conféquences du même principe de leur raifon développée.

## XXXII. *Utilité réelle. Notion de la justice.*

La notion de quelque chofe de jufte, me femble fi naturelle, fi univerfellement acquife par tous les hommes, qu'elle eft indépendante de toute loi, de tout pacte, de toute Religion. Que je redemande à un Turc, à un Guebre, à un Malabare, l'argent que je lui ai prêté pour fe nourrir & pour fe vêtir; il ne lui tombera jamais dans la tête de me répondre : Attendez que je fache fi *Mahomet, Zoroaftre* ou *Brama* ordonnent que je vous rende votre argent. Il conviendra qu'il eft jufte qu'il me paie; & s'il n'en fait rien, c'eft que fa pauvreté ou fon avarice l'emporteront fur la juftice qu'il reconnaît.

Je mets en fait, qu'il n'y a aucun Peuple chez lequel il foit jufte, beau, convenable, honnête de refufer la nourriture à fon pere & à fa mere quand on peut leur en donner.

Que nulle peuplade n'a jamais pu regarder la calomnie comme une bonne action, non pas même une compagnie de bigots fanatiques.

L'idée de juftice me paraît tellement une vérité du premier ordre, à laquelle tout l'Univers donne fon affentiment, que les plus grands crimes qui affligent la fociété humaine, font tous commis fous un faux prétexte de juftice. Le plus grand des crimes, du moins le plus deftructif, & par conféquent le plus oppofé au but de la Nature, eft la guerre; mais il n'y a aucun agreffeur qui ne colore ce forfait du prétexte de la juſtice.

Les Déprédateurs Romains faiſaient déclarer toutes leurs invaſions juſtes par des Prêtres nommés *Féciales*. Tout brigand qui ſe trouve à la tête d'une armée, commence ſes fureurs par un manifeſte, & implore le Dieu des armées.

Les petits voleurs eux-mêmes, quand ils ſont aſſociés, ſe gardent bien de dire: Allons voler, allons arracher à la veuve & à l'orphelin leur nourriture ; ils diſent : Soyons juſtes, allons reprendre notre bien des mains des riches qui s'en ſont emparés. Ils ont entre eux un Dictionnaire qu'on a même imprimé dès le ſeizieme ſiecle, & dans ce vocabulaire qu'ils appellent *Argot*, les mots de *vol*, *larcin*, *rapine*, ne ſe trouvent point; ils ſe ſervent de termes qui répondent à *gagner, reprendre*.

Le mot d'*injuſtice* ne ſe prononce jamais dans un Conseil d'Etat , où l'on propose le meurtre le plus injuste ; les conspirateurs, même les plus sanguinaires, n'ont jamais dit : Commettons un crime. Ils ont tous dit : Vengeons la Patrie des crimes du Tyran, punissons ce qui nous paraît une injustice. En un mot, flatteurs lâches, Ministres barbares, conspirateurs odieux , voleurs plongés dans l'iniquité, tous rendent hommage, malgré eux, à la vertu même qu'ils foulent aux pieds.

J'ai toujours été étonné que chez les Français, qui sont éclairés & polis, on ait souffert sur le Théâtre ces maximes aussi affreuses que fausses qui se trouvent dans la premiere scene de *Pompée*, & qui sont beaucoup plus outrées que celles de *Lucain*, dont elles sont imitées :

*La justice & le droit sont de vaines idées.*
*Le droit des Rois consiste à ne rien épargner.*

& on met ces abominables paroles dans la bouche de *Photin*, Miniftre du jeune *Ptolomée*. Mais c'eft précifément parce qu'il eft Miniftre qu'il devait dire tout le contraire ; il devait repréfenter la mort de *Pompée* comme un malheur néceffaire & jufte.

Je crois donc que les idées du jufte & de l'injufte font auffi claires, auffi univerfelles que les idées de fanté & de maladie, de vérité & de fauffeté, de convenance & de difconvenance. Les limites du jufte & de l'injufte font très-difficiles à pofer ; comme l'état mitoyen entre la fanté & la maladie, entre ce qui eft convenance & la difconvenance des chofes, entre le faux & le vrai, eft difficile à marquer. Ce font des nuances qui fe mêlent, mais les couleurs tranchantes frappent tous les yeux. Par exemple, tous les hommes avouent qu'on doit rendre ce qu'on nous a prêté : mais fi je fais certainement que celui à qui je dois deux millions, s'en fervira pour affervir ma Patrie , dois-je lui rendre cette arme funefte? Voilà où les fentiments fe partagent : mais en général je dois obferver mon ferment quand il n'en réfulte aucun mal ; c'eft de quoi perfonne n'a jamais douté.

## XXXIII. *Confentement univerfel eft-il preuve de vérité?*

On peut m'objecter que le confentement des hommes de tous les temps & de tous les Pays, n'eft pas une preuve de la vérité. Tous les Peuples ont cru à la magie, aux fortileges, aux Démoniaques, aux apparitions, aux influences des aftres, à cent autres fottifes pareilles. Ne pourrait-il pas en être ainfi du jufte & de l'injufte?

Il me femble que non. Premiérement,

il eſt faux que tous les hommes aient cru à ces chimeres. Elles étaient à la vérité l'aliment de l'imbécillité du vulgaire, & il y a le vulgaire des Grands & le vulgaire du Peuple ; mais une multitude de ſages s'en eſt toujours moquée ; ce grand nombre de ſages , au contraire, a toujours admis le juſte & l'injuſte , tout autant, & même encore plus que le Peuple.

La croyance aux Sorciers , aux Démoniaques, &c. eſt bien éloignée d'être néceſſaire au genre-humain ; la croyance à la juſtice eſt d'une néceſſité abſolue, donc elle eſt un développement de la raiſon donnée de Dieu ; & l'idée des ſorciers & des poſſédés , &c. eſt au contraire un pervertiſſement de cette même raiſon.

## XXXIV. *Contre Locke.*

*Locke* qui m'inſtruit, & qui m'apprend

à me défier de moi-même, ne se trompe-
t-il pas quelquefois comme moi-même?
Il veut prouver la fausseté des idées innées;
mais n'ajoute-t-il pas une bien mauvaise
raison à de fort bonnes? Il avoue qu'il n'est
pas juste de faire bouillir son prochain
dans une chaudiere, & de le manger. Il
dit que cependant il y a eu des Nations
d'Antropophages, & que ces êtres pen-
sants n'auraient pas mangé des hommes,
s'ils avaient eu les idées du juste & de l'injuste, que je suppose nécessaires à l'espece humaine. (*Voyez* le Nº. XXXVI.)

Sans entrer ici dans la question, s'il
y a eu en effet des Nations d'Antropophages, sans examiner les rélations du
voyageur *Dampier*, qui a parcouru toute
l'Amérique, & qui n'y en a jamais vu,
mais qui, au contraire, a été reçu chez
tous les Sauvages avec la plus grande
humanité; voici ce que je réponds.

De

Des vainqueurs ont mangé leurs efclaves pris à la guerre ; ils ont cru faire
une action très-jufte ; ils ont cru avoir
fur eux droit de vie & de mort ; &
comme ils avaient peu de bons mêts
pour leur table, ils ont cru qu'il leur
était permis de fe nourrir du fruit de
leur victoire. Ils ont été en cela plus
juftes que les Triomphateurs Romains,
qui faifaient étrangler, fans aucun fruit,
les Princes efclaves qu'ils avaient enchaî-
nés à leur char de triomphe. Les Romains & les Sauvages avaient une très-
fauffe idée de la juftice, je l'avoue ; mais
enfin, les uns & les autres croyaient
agir juftement ; & cela eft fi vrai, que
les mêmes Sauvages, quand ils avaient
admis leurs captifs dans leur fociété, les
regardaient comme leurs enfants ; & que
ces mêmes anciens Romains ont donné
mille exemples de juftice admirables.

G

## XXXV. *Contre Locke.*

Je conviens, avec le sage *Locke*, qu'il n'y a point de notion innée, point de principe de pratique inné. C'est une vérité si constante, qu'il est évident que les enfants auraient tous une notion claire de DIEU, s'ils étaient nés avec cette idée; & que tous les hommes s'accorderaient dans cette même notion, accord que l'on n'a jamais vu. Il n'est pas moins évident que nous ne naissons point avec des principes développés de morale, puisqu'on ne voit pas comment une Nation entiere pourrait rejetter un principe de morale qui serait gravé dans le cœur de chaque individu de cette Nation.

Je suppose que nous soyons tous nés avec le principe moral bien développé, qu'il ne faut persécuter personne pour sa maniere de penser; comment des Peuples entiers auraient-ils été perfécuteurs? Je fuppofe que chaque homme porte en foi la Loi évidente, qui ordonne qu'on foit fidele à fon ferment ; comment tous ces hommes, réunis en corps, auront-ils ftatué qu'il ne faut pas garder fa parole à des hérétiques ? Je répete encor, qu'au-lieu de ces idées innées chimériques, DIEU nous a donné une raifon qui fe fortifie avec l'âge, & qui nous apprend à tous, quand nous fommes attentifs, fans paffion, fans préjugé, qu'il y a un DIEU, & qu'il faut être jufte ; mais je ne puis accorder à *Locke* les conféquences qu'il en tire. Il femble trop approcher du fyftême de *Hobbes*, dont il eft pourtant très-éloigné.

Voici fes paroles, au premier Livre de l'Entendement humain : *Confidérez une Ville prife d'affaut, & voyez s'il paraît dans le cœur des foldats animés au carnage*

*& au butin, quelque égard pour la ver-*
*tu, quelque principe de morale, quelque*
*remords de toutes les injustices qu'ils com-*
*mettent.* Non, ils n'ont point de remords,
& pourquoi? C'est qu'ils croient agir
justement. Aucun d'eux n'a supposé injuste la cause du Prince pour lequel il
va combattre : ils hazardent leur vie pour
cette cause : ils tiennent le marché qu'ils
ont fait : ils pouvaient être tués à l'affaut, donc ils croient être en droit de
tuer : ils pouvaient être dépouillés, donc
ils pensent qu'ils peuvent dépouiller.
Ajoutez qu'ils font dans l'enivrement
de la fureur qui ne raisonne pas ; & pour
vous prouver qu'ils n'ont point rejetté
l'idée du juste & de l'honnête, proposez
à ces mêmes soldats beaucoup plus d'argent que le pillage de la Ville ne peut
leur en procurer, de plus belles filles
que celles qu'ils ont violées, pourvu feu-

lement qu'au-lieu d'égorger dans leur fureur trois ou quatre mille ennemis, qui font encor réſiſtance , & qui peuvent les tuer , ils aillent égorger leur Roi, ſon Chancelier, ſes Secretaires d'Etat , & ſon grand Aumônier , vous ne trouverez pas un de ces ſoldats qui ne rejette vos offres avec horreur. Vous ne leur propoſez cependant que ſix meurtres au-lieu de quatre mille, & vous leur préſentez une récompenſe très-forte. Pourquoi vous refuſent-ils? C'eſt qu'ils croient juſte de tuer quatre mille ennemis, & que le meurtre de leur Souverain, auquel ils ont fait ſerment, leur paraît abominable.

*Locke* continue, & pour mieux prouver qu'aucune regle de pratique n'eſt innée, il parle des Mingréliens, qui ſe font un jeu, dit-il, d'enterrer leurs enfants tout vifs; & des Caraïbes, qui châtrent les leurs pour les mieux engraiffer, afin de les manger.

On a déjà remarqué ailleurs que ce grand homme a été trop crédule en rapportant ces fables : *Lambert*, qui feul impute aux Mingréliens d'enterrer leurs enfants tout vifs pour leur plaifir, n'eft pas un Auteur affez accrédité.

*Chardin*, voyageur qui paffe pour fi véridique, & qui a été rançonné en Mingrélie, parlerait de cette horrible coutume fi elle exiftait ; & ce ne ferait pas affez qu'il le dît, pour qu'on le crût ; il faudrait que vingt voyageurs de Nations & de Religions différentes, s'accordaffent à confirmer un fait fi étrange, pour qu'on en eût une certitude hiftorique.

Il en eft de même des femmes des Ifles Antilles, qui châtraient leurs enfants pour les manger : cela n'eft pas dans la nature d'une mere.

Le cœur humain n'eſt point ainſi fait ; châtrer des enfants eſt une opération très-délicate, très-dangereuſe, qui, loin de les engraiſſer, les amaigrit au moins une année entiere, & qui ſouvent les tue. Ce raffinement n'a jamais été en uſage que chez des Grands, qui, pervertis par l'excès du luxe & par la jalouſie, ont imaginé d'avoir des Eunuques pour ſervir leurs femmes & leurs concubines. Il n'a été adopté en Italie, & à la chapelle du Pape, que pour avoir des Muſiciens dont la voix fût plus belle que celle des femmes. Mais dans les Iſles Antilles, il n'eſt guere à préſumer que des Sauvages aient inventé le raffinement de châtrer les petits garçons pour en faire un bon plat ; & puis qu'auraient-ils fait de leurs petites filles ?

*Locke* allegue encor des Saints de la Religion Mahométane, qui s'accouplent dévotement avec leurs âneſſes, pour n'è-

tre point tentés de commettre la moindre fornication avec les femmes du Pays.
Il faut mettre ces contes avec celui du
perroquet qui eut une si belle conversation en langue Brasilienne avec le Prince *Maurice*, conversation que *Locke* a la
simplicité de rapporter, sans se douter
que l'Interprete du Prince avait pu se
moquer de lui. C'est ainsi que l'Auteur
de l'*Esprit des Loix* s'amuse à citer de
prétendues Loix de Tunquin, de Bantam,
de Borneo, de Formose, sur la foi de
quelques voyageurs, ou menteurs, ou
mal instruits. *Locke* & lui, sont deux
grands hommes, en qui cette simplicité
ne me semble pas excusable.

### XXXVI. *Nature par-tout la même.*

En abandonnant *Locke* en ce point,
je dis, avec le grand Newton, *Natura
est semper sibi consona* : la Nature est tou-

jours femblable à elle-même. La loi de la gravitation, qui agit fur un aftre, agit fur tous les aftres, fur toute la matiere. Ainfi la Loi fondamentale de la Morale agit également fur toutes les Nations bien connues. Il y a mille différences dans les interprétations de cette Loi, en mille circonftances ; mais le fonds fubfifte toujours le même, & ce fonds eft l'idée du jufte & de l'injufte. On commet prodigieufement d'injuftices dans les fureurs de fes paffions, comme on perd fa raifon dans l'ivreffe : mais quand l'ivreffe eft paffée, la raifon revient ; & c'eft, à mon avis, l'unique caufe qui fait fubfifter la fociété humaine, caufe fubordonnée au befoin que nous avons les uns des autres.

Comment donc avons-nous acquis l'idée de la juftice ? Comme nous avons acquis celle de la prudence, de la vérité, de la convenance, par le sentiment & par la raison. Il est impossible que nous ne trouvions pas très-imprudente l'action d'un homme qui se jetterait dans le feu pour se faire admirer, & qui espérerait d'en réchapper. Il est impossible que nous ne trouvions pas très-injuste l'action d'un homme qui en tue un autre dans sa colere. La société n'est fondée que sur ces notions qu'on n'arrachera jamais de notre cœur, & c'est pourquoi toute société subsiste, à quelque superstition bizarre & horrible qu'elle se soit asservie.

Quel est l'âge où nous connaissons le juste & l'injuste? L'âge où nous connaissons que deux & deux font quatre.

## XXXVII. *De Hobbes.*

Profond & bizarre Philosophe, bon citoyen, esprit hardi, ennemi de *Descartes*, toi qui t'es trompé comme lui, toi

dont les erreurs en Phyſique ſont grandes & pardonnables , parce que tu étais
venu avant *Newton* , toi qui as dit des
vérités qui ne compenſent pas tes erreurs,
toi qui le premier fis voir quelle eſt la
chimere des idées innées , toi qui fus le
précurſeur de *Locke* en pluſieurs choſes,
mais qui le fus auſſi de *Spinoſa* ; c'eſt en
vain que tu étonnes tes Lecteurs , en
réuſſiſſant preſque à leur prouver qu'il
n'y a aucunes loix dans le Monde que
des loix de convention ; qu'il n'y a de
juſte & d'injuſte que ce qu'on eſt con-
venu d'appeller tel dans un Pays. Si tu
t'étais trouvé ſeul avec *Cromwel* dans une
Iſle déſerte, & que *Cromwel* eût voulu
te tuer pour avoir pris le parti de ton
Roi dans l'Iſle d'Angleterre , cet attentat
ne t'aurait-il pas paru auſſi injuſte dans
ta nouvelle Iſle , qu'il te l'aurait paru
dans ta Patrie ?

Tu dis que dans la Loi de nature, *tous ayant droit à tout, chacun a droit sur la vie de son semblable.* Ne confonds-tu pas la puissance avec le droit? Penses-tu qu'en effet le pouvoir donne le droit? & qu'un fils robuste n'ait rien à se reprocher pour avoir assassiné son pere languissant & décrépit? Quiconque étudie la Morale, doit commencer à réfuter ton Livre dans son cœur; mais ton propre cœur te réfutait encor davantage; car tu fus vertueux, ainsi que *Spinosa;* & il ne te manqua, comme à lui, que d'enseigner les vrais principes de la vertu que tu pratiquais, & que tu recommandais aux autres.

## XXXVIII. *Morale universelle.*

La Morale me paraît tellement universelle, tellement calculée par l'Etre universel qui nous a formés, tellement des-

tinée à fervir de contrepoids à nos paffions funeftes, & à foulager les peines
inévitables de cette courte vie, que depuis *Zoroaftre* jufqu'au Lord *Shaftersburi*,
je vois tous les Philofophes enfeigner la
même morale, quoiqu'ils aient tous des
idées différentes fur les principes des chofes. Nous avons vu que *Hobbes*, *Spinofa*, & *Bayle* lui-même, qui ont ou nié
les premiers principes, ou qui en ont
douté, ont cependant recommandé for-
tement la juftice & toutes les vertus.

Chaque Nation eut des Rites religieux,
particuliers, & très-fouvent d'abfurdes
& de révoltantes opinions en Métaphyfique, en Théologie. Mais s'agit-il de
favoir s'il faut être jufte ? Tout l'U-
nivers eft d'accord, comme nous l'avons
dit au Nombre XXXVI, & comme on
ne peut trop le répéter.

## XXXIX. *De Zoroaſtre.*

Je n'examine point en quel temps vivait *Zoroaſtre*, à qui les Perſes donnerent neuf mille ans d'antiquité, ainſi que *Platon* aux anciens Athéniens. Je vois ſeulement que ſes préceptes de morale ſe ſont conſervés juſqu'à nos jours : ils ſont traduits de l'ancienne langue des Mages dans la langue vulgaire des Guebres ; & il paraît bien aux allégories puériles, aux obſervances ridicules, aux idées fantaſtiques dont ce Recueil eſt rempli, que la Religion de *Zoroaſtre* eſt de l'antiquité la plus haute. C'eſt là qu'on trouve le nom de *Jardin*, pour exprimer la récompenſe des juſtes : on y voit le mauvais principe ſous le nom de *Sathan*, que les Juifs adopterent auſſi. On y trouve le Monde formé en ſix ſaiſons, ou en ſix temps. Il y eſt ordonné de

réciter un *Abunavar* & un *Ashim vuhu*
pour ceux qui éternuent.

Mais enfin, dans ce Recueil de cent
Portes, ou Préceptes tirés du Livre du
Zend, & où l'on rapporte même les
propres paroles de l'ancien *Zoroaſtre*,
quels devoirs moraux font-ils preſcrits?

Celui d'aimer, de ſecourir ſon pere &
ſa mere, de faire l'aumône aux pauvres,
de ne jamais manquer à ſa parole, de
s'abſtenir, quand on eſt dans le doute,
ſi l'action qu'on va faire eſt juſte ou
non. (*Porte* 30.)

Je m'arrête à ce précepte, parce que
nul Légiſlateur n'a jamais pu aller au-
delà; & je me confirme dans l'idée que
plus *Zoroaſtre* établit de ſuperſtitions ridicules en fait de culte, plus la pureté
de ſa morale fait voir qu'il n'était pas
en lui de la corrompre; que plus il s'a-
bandonnait à l'erreur dans ſes dogmes,

plus il lui était impoſſible d'errer en en-
ſeignant la vertu.

## XL. *Des Bracmanes.*

Il eſt vraiſemblable que les Brames,
ou Bracmanes, exiſtaient long-temps avant
que les Chinois euſſent leurs cinq Kings;
& ce qui fonde cette extrême probabi-
lité, c'eſt qu'à la Chine, les antiquités
les plus recherchées ſont Indiennes, &
que dans l'Inde il n'y a point d'antiquités Chinoiſes.

Ces anciens Brames étaient ſans doute
d'auſſi mauvais Métaphyſiciens, d'auſſi
ridicules Théologiens que les Caldéens
& les Perſes, & toutes les Nations qui
ſont à l'Occident de la Chine. Mais
quelle ſublimité dans la morale! Selon
eux, la vie n'était qu'une mort de quelques années, après laquelle on vivrait
avec la Divinité. Ils ne ſe bornaient pas

à

à être juftes envers les autres, mais ils étaient rigoureux envers eux-mêmes ; le filence, l'abftinence, la contemplation, le renoncement à tous les plaifirs, étaient leurs principaux devoirs. Auffi tous les fages des autres Nations allaient chez eux apprendre ce qu'on appellait *la fageffe.*

### XLI. *De Confucius.*

Les Chinois n'eurent aucune fuperftition, aucun charlatanifme à fe reprocher comme les autres Peuples. Le Gouvernement Chinois montrait aux hommes, il y a fort au-delà de quatre mille ans, & leur montre encor, qu'on peut les régir fans les tromper ; que ce n'eft pas par le menfonge qu'on fert le Dieu de vérité ; que la fuperftition eft non-feulement inutile, mais nuifible à la Religion. Jamais l'adoration de Dieu ne fut fi pure & fi fainte qu'à la

Chine, (*à la Révélation près.*) Je ne parle pas des sectes du Peuple, je parle de la Religion du Prince, de celle de tous les Tribunaux , & de tout ce qui n'est pas populace. Quelle est la Religion de tous les honnêtes gens à la Chine depuis tant de siecles? La voici : *Adorez le Ciel, & soyez justes.* Aucun Empereur n'en a eu d'autre.

On place souvent le grand *Confutsée*, que nous nommons *Confucius*, parmi les anciens Législateurs, parmi les Fondateurs des Religions ; c'est une grande inadvertance. *Confutsée* est très-moderne; il ne vivait que six cents cinquante ans avant notre Ere. Jamais il n'institua aucun culte, aucun rite ; jamais il ne se dit ni inspiré, ni Prophete ; il ne fit que rassembler en un corps les anciennes Loix de la Morale.

Il invite les hommes à pardonner les

injures, & à ne fe fouvenir que des bienfaits.

A veiller fans cefse fur foi-même, à corriger aujourd'hui les fautes d'hier.

A réprimer fes pafsions, & à cultiver l'amitié ; à donner fans fafte, & à ne recevoir que l'extrême néceffaire, fans baffeffe.

Il ne dit point qu'il ne faut pas faire à autrui ce que nous ne voulons pas qu'on faffe à nous-mêmes ; ce n'eft que défendre le mal : il fait plus, il recommande le bien : *Traite autrui comme tu veux qu'on te traite.*

Il enfeigne non-feulement la modeftie, mais encore l'humilité : il recommande toutes les vertus.

XLII. *Des Philofophes Grecs, & d'abord de Pythagore.*

Tous les Philofophes Grecs ont dit

des fottifes en Phyfique & en Métaphyfique. Tous font excellents dans la Morale ; tous égalent *Zoroafire*, *Confutfée* &
les Bracmanes. Lifez feulement les Vers
dorés de *Pythagore*, c'eft le précis de fa
doctrine ; il n'importe de quelle main
ils foient. Dites-moi fi une feule vertu
y eft oubliée.

## XLIII. *De Zaleucus.*

Réuniffez tous vos lieux communs,
Prédicateurs Grecs, Italiens, Efpagnols,
Allemands, Français, &c.; qu'on diftille
toutes vos déclamations, en tirera-t-on
un extrait qui foit plus pur que l'exorde
des Loix de *Zaleucus?*

*Maîtrifez votre ame, purifiez-la, écar-
tez toute penfée criminelle. Croyez que*
D I E U *ne peut être bien fervi par les per-
vers ; croyez qu'il ne reffemble pas aux
faibles mortels, que les louanges & les*

*préfents féduifent : la vertu feule peut lui plaire.*

Voilà le précis de toute morale & de toute Religion.

## XLIV. *D'Epicure.*

Des pédants de College , des petits-maîtres de Séminaire , ont cru , fur quelques plaifanteries d'*Horace* & de *Pétrone*, qu'*Epicure* avait enfeigné la volupté par les préceptes & par l'exemple. *Epicure* fut toute fa vie un Philofophe fage , tempérant & jufte. Dès l'âge de douze à treize ans, il fut fage ; car lorfque le Grammairien qui l'inftruifait, lui récita ce vers d'*Héfiode :*

*Le Cahos fut produit le premier de tous les Etres :*

Eh ! qui le produifit, dit *Epicure*, puifqu'il était le premier ? Je n'en fais rien, dit le Grammairien ; il n'y a que les Philofophes qui le fachent. Je vais donc

H iij

m'inſtruire chez eux, repartit l'enfant ; & depuis ce temps, juſqu'à l'âge de ſoixante & douze ans, il cultiva la Philoſophie. Son Teſtament, que *Diogene de Laërce* nous a conſervé tout entier, découvre une ame tranquille & juſte ; il affranchit les eſclaves qu'il croit avoir mérité cette grace : il recommande à ſes Exécuteurs teſtamentaires de donner la liberté à ceux qui s'en rendront dignes. Point d'oſtentation, point d'injuſte préférence ; c'eſt la derniere volonté d'un homme qui n'en a jamais eu que de raiſonnables. Seul de tous les Philoſophes, il eut pour amis tous ſes diſciples, & ſa ſecte fut la ſeule où l'on ſut aimer, & qui ne ſe partagea point en pluſieurs autres.

Il paraît, après avoir examiné ſa doctrine, & ce qu'on a écrit pour & contre lui, que tout ſe réduit à la diſpute entre

*Mallebranche* & *Arnauld*. *Mallebranche*
avouait que le plaifir rend heureux, *Ar-*
*nauld* le niait ; c'était une difpute de
mots, comme tant d'autres difputes où
la Philofophie & la Théologie apportent
leur incertitude, chacune de fon côté.

## XLV. *Des Stoïciens.*

Si les Epicuriens rendirent la nature
humaine aimable, les Stoïciens la rendirent prefque divine. Réfignation à l'Etre
des êtres, ou plutôt élévation de l'ame
jufqu'à cet Etre ; mépris du plaifir, mépris même de la douleur, mépris de la
vie & de la mort, inflexibilité dans la
juftice ; tel était le caractere des vrais
Stoïciens ; & tout ce qu'on a pu dire
contre eux, c'eft qu'ils décourageaient
le refte des hommes.

*Socrate*, qui n'était pas de leur fecte,
fit voir qu'on ne pouvait pouffer la vertu

auſſi loin qu'eux, ſans être d'aucun parti ; & la mort de ce martyr de la Divinité, eſt l'éternel opprobre d'Athenes, quoiqu'elle s'en ſoit repentie.

Le Stoicien *Caton* eſt d'un autre côté l'éternel honneur de Rome. *Epictete* dans l'eſclavage, eſt peut-être ſupérieur à *Caton*, en ce qu'il eſt toujours content de ſa miſere. Je ſuis, dit-il, dans la place où la Providence a voulu que je fuſſe ; m'en plaindre, c'eſt l'offenſer.

Dirai-je que l'Empereur *Antonin* eſt encor au-deſſus d'*Epictete*, parce qu'il triompha de plus de ſéductions, & qu'il était bien plus difficile à un Empereur de ne ſe pas corrompre, qu'à un pauvre de ne pas murmurer ? Liſez les penſées de l'un & de l'autre ; l'Empereur & l'eſclave vous paraîtront également grands.

Oſerai-je parler ici de l'Empereur *Julien* ? il erra ſur le dogme ; mais certes il n'erra pas fur la Morale. En un mot, nul Philofophe dans l'antiquité qui n'ait voulu rendre les hommes meilleurs.

Il y a eu des gens parmi nous qui ont dit, que toutes les vertus de ces grands hommes n'étaient que des péchés illuftres. Puiffe la Terre être couverte de tels coupables !

## XLVI. *Philofophie eft vertu.*

Il y eut des Sophiftes, qui furent aux Philofophes ce que les hommes font aux finges. *Lucien* fe moqua d'eux ; on les méprifa. Ils furent à-peu-près ce qu'ont été les Moines mendiants dans les Univerfités. Mais n'oublions jamais que tous les Philofophes ont donné des grands exemples de vertu, & que les Sophiftes, & même les Moines, ont tous refpecté la vertu dans leurs Ecrits.

## XLVII. *D'Efope.*

Je placerai *Efope* parmi ces grands hommes, & même à la tête de ces grands hommes, foit qu'il ait été le *Pilpay* des Indiens, ou l'ancien précurfeur de *Pilpay*, ou le *Lokman* des Perfes, ou le *Akkim* des Arabes, ou le *Hacam* des Phéniciens, il n'importe ; je vois que fes fables ont été en vogue chez toutes les Nations Orientales, & que l'origine s'en perd dans une antiquité, dont on ne peut fonder l'abyme. A quoi tendent ces fables auffi profondes qu'ingénues, ces apologues qui femblent vifiblement écrits dans un temps où l'on ne doutait pas que les bêtes n'euffent un langage? Elles ont enfeigné prefque tout notre hémifphere. Ce ne font point des Recueils de fentences faftidieufes qui laffent plus qu'elles n'éclairent ; c'eft la vérité elle-même avec le charme de la fable. Tout ce qu'on a pu faire, c'est d'y ajouter des embelliffements dans nos langues modernes. Cette ancienne fageffe est fimple & nue dans le premier Auteur. Les graces naïves dont on l'a ornée en France, n'en ont point caché le fonds refpectable. Que nous apprennent toutes ces fables? qu'il faut être jufte.

## XLVIII. *De la Paix née de la Philofophie.*

Puifque tous les Philofophes avaient des dogmes différents, il est clair que le dogme & la vertu font d'une nature entiérement hétérogene. Qu'ils cruffent ou non que *Thétis* était la Déeffe de la mer, qu'ils fuffent perfuadés ou non de la guerre des Géants & de l'âge d'or, de la boîte de *Pandore* & de la mort du ferpent *Pithon*, &c. ces doctrines n'avaient rien de commun avec la morale.

C'eſt une choſe admirable dans l'antiquité, que la Théogonie n'ait jamais troublé la paix des Nations.

### XLIX. *Queſtions.*

Ah ! ſi nous pouvions imiter l'antiquité ! ſi nous faiſions enfin à l'égard des diſputes théologiques, ce que nous avons fait au bout de dix-ſept ſiecles dans les Belles-Lettres !

Nous ſommes revenus au goût de la ſaine antiquité, après avoir été plongés dans la barbarie de nos Ecoles. Jamais les Romains ne furent aſſez abſurdes pour imaginer qu'on pût perſécuter un homme, parce qu'il croyait le vuide ou le plein, parce qu'il prétendait que les accidents ne peuvent pas ſubſiſter ſans ſujet, parce qu'il expliquait en un ſens un paſſage d'un Auteur, qu'un autre entendait dans un ſens contraire.

Nous avons recours tous les jours à la Jurisprudence des Romains ; & quand nous manquons de Loix (ce qui nous arrive si souvent) nous allons consulter le Code & le Digeste. Pourquoi ne pas imiter nos maîtres dans leur sage tolérance ?

Qu'importe à l'Etat qu'on soit du sentiment des Réaux ou des Nominaux, qu'on tienne pour *Scot* ou pour *Thomas*, pour *Œcolampade* ou pour *Mélanchon*, qu'on soit du parti d'un Evêque d'Ypre, qu'on n'a point lu, ou d'un Moine Espagnol qu'on a moins lu encore ? N'est-il pas clair que tout cela doit être aussi indifférent au véritable intérêt d'une Nation, que de traduire bien ou mal un passage de *Lycophron* ou d'*Héfiode ?*

## L. *Autres Questions.*

Je sais que les hommes sont quelquefois malades du cerveau. Nous avons eu un Muſicien qui eſt mort fou, parce que ſa muſique n'avait pas paru aſſez bonne. Des gens ont cru avoir un nez de verre; mais s'il y en avait d'aſſez attaqués pour penſer, par exemple, qu'ils ont toujours raiſon, y aurait-il aſſez d'hellébore pour une ſi étrange maladie?

Et ſi ces malades, pour ſoutenir qu'ils ont toujours raiſon, menaçaient du dernier ſupplice quiconque penſe qu'ils peuvent avoir tort, s'ils établiſſaient des eſpions pour découvrir les réfractaires, s'ils décidaient qu'un pere ſur le témoignage de ſon fils, une mere ſur celui de ſa fille, doit périr dans les flammes, &c. ne faudrait-il pas lier ces gens-là, & les traiter comme ceux qui ſont attaqués de la rage?

## LI. *Ignorance.*

Vous me demandez à quoi bon tout ce ſermon, ſi l'homme n'eſt pas libre?

D'abord je ne vous ai point dit que l'homme n'eſt pas libre ; je vous ai dit, que ſa liberté conſiſte dans ſon pouvoir d'agir, & non pas dans le pouvoir chimérique de *vouloir vouloir.* Enſuite je vous dirai que tout étant lié dans la Nature , la Providence éternelle me prédeſtinait à écrire ces rêveries, & prédeſtinait cinq ou ſix Lecteurs à en faire leur profit, & cinq à ſix autres à les dédaigner & à les laiſſer dans la foule immenſe des écrits inutiles.

Si vous me dites que je ne vous ai rien appris , ſouvenez-vous que je me ſuis annoncé comme un ignorant.

## LII. *Autres ignorances.*

Je ſuis ſi ignorant, que je ne ſais pas même les faits anciens dont on me berce ; je crains toujours de me tromper de ſept à huit cents années au moins, quand je recherche en quel temps ont vécu ces antiques héros, qu'on dit avoir exercé les premiers le vol & le brigandage dans une grande étendue de Pays; & ces premiers sages qui adorerent des étoiles ou des poissons, ou des serpents, ou des morts, ou des êtres fantastiques.

Quel est celui qui le premier imagina les six *Gahambars*, & le pont de *Tshinavar*, & le *Dardaroth*, & le lac de *Karon*? en quel temps vivait le premier *Bacchus*, le premier *Hercule*, le premier *Orphée*?

Toute l'antiquité est si ténébreuse jusqu'à *Thucidide* & *Xénophon*, que je suis réduit à ne savoir presque pas un mot de ce qui s'est passé sur le globe que j'habite, avant le court espace d'environ trente siecles; & dans ces trente siecles encor, que d'obscurités! que d'incertitudes! que de fables!

LIII.

## LIII. *Plus grande ignorance.*

Mon ignorance me pefe bien davan-tage, quand je vois que ni moi, ni mes compatriotes, nous ne favons abfolument rien de notre Patrie. Ma mere m'a dit que j'étais né fur les bords du Rhin, je le veux croire. J'ai demandé à mon ami le favant *Apédeutès*, natif de Courlan-de, s'il avait quelque connaiffance des anciens Peuples du Nord, fes voifins, & de fon malheureux petit Pays ? Il m'a répondu qu'il n'en avait pas plus de no-tion que les poiffons de la mer Baltique.

Pour moi, tout ce que je fais de mon Pays, c'eft que *Céfar* dit, il y a environ dix-huit cents ans, que nous étions des brigands, qui étions dans l'ufage de fa-crifier des hommes à je ne fais quels Dieux, pour obtenir d'eux quelque bonne proie, & que nous n'allions jamais en

courfe qu'accompagnés de vieilles for-
cieres qui faifaient ces beaux facrifices.

*Tacite*, un fiecle après, dit quelques
mots de nous, fans nous avoir jamais
vus : il nous regarde comme les plus honnêtes gens du monde en comparaifon des
Romains ; car il affure que quand nous
n'avions perfonne à voler, nous paffions
les jours & les nuits à nous enivrer de
mauvaife bierre dans nos cabanes.

Depuis ce temps de notre âge d'or,
c'eft un vuide immenfe jufqu'à l'Hiftoire
de *Charlemagne*. Quand je fuis arrivé à ces
temps connus, je vois dans Goldftad une
charte de *Charlemagne*, datée d'Aix-la-
Chapelle, dans laquelle ce favant Empereur parle ainfi :

*Vous favez que chaffant un jour auprès*
*de cette Ville , je trouvai les thermes &*
*le Palais que Granus , frere de Néron &*
*d'Agrippa , avait autrefois bâtis.*

Ce *Granus* & cet *Agrippa*, freres de *Néron*, me font voir que *Charlemagne* était
auffi ignorant que moi; & cela foulage.

### LIV. *Ignorance ridicule.*

L'Hiftoire de l'Eglife de mon Pays
reffemble à celle de *Granus, frere de Néron & d'Agrippa*, & eft bien plus mer-
veilleufe. Ce font de petits garçons ref-
fufcités, des dragons pris avec une étole,
comme des lapins avec un lacet; des hof-
ties qui faignent d'un coup de couteau,
qu'un Juif leur donne ; des Saints qui
courent après leurs têtes quand on les
leur a coupées. Une des légendes des
plus avérées dans notre Hiftoire Ecclé-
fiaftique d'Allemagne, eft celle du Bienheureux *Pierre de Luxembourg*, qui, dans
les deux années 1388 & 89, après fa
mort, fit deux mille quatre cents mira-
cles; & les années fuivantes, trois mille

de compte fait ; parmi lesquels on ne nomme pourtant que quarante - deux morts reſſuſcités.

Je m'informe ſi les autres Etats de l'Europe ont des Hiſtoires Eccléſiaſtiques, auſſi merveilleuſes & auſſi authentiques ? Je trouve par-tout la même ſageſſe & la même certitude.

## LV. *Pis qu'ignorance.*

J'ai vu enſuite pour quelles ſottiſes inintelligibles les hommes s'étaient chargés les uns les autres d'imprécations, s'étaient déteſtés, perſécutés, égorgés, pendus, roués & brûlés ; & j'ai dit : S'il y avait eu un Sage dans ces abominables temps, il aurait donc fallu que ce Sage vécût & mourût dans les déſerts.

## LVI. *Commencement de la raison.*

Je vois qu'aujourd'hui, dans ce fiecle qui eft l'aurore de la raifon, quelques têtes de cette hydre du fanatifme renaif-fent encore. Il paraît que leur poifon eft moins mortel, & leurs gueules moins dévorantes. Le fang n'a point coulé pour la grace verfatile, comme il coula fi long-temps pour les indulgences plénie-res qu'on vendait au marché ; mais le monftre fubfifte encore ; quiconque re-cherchera la vérité, rifquera d'être per-fécuté. Faut-il refter oifif dans les ténebres ? ou faut-il allumer un flambeau auquel l'envie & la calomnie rallumeront leurs torches ? Pour moi, je crois que la vérité ne doit pas plus fe cacher devant ces monftres, que l'on ne doit s'abf-tenir de prendre de la nourriture dans la crainte d'être empoifonné.

## PETITE DIGRESSION.

Dans les commencements de la fondation des Quinze-Vingt, on sait qu'ils étaient tous égaux, & que leurs petites affaires se décidaient à la pluralité des voix. Ils distinguaient parfaitement au toucher la monnoie de cuivre de celle d'argent ; aucun d'eux ne prit jamais du vin de Brie pour du vin de Bourgogne. Leur odorat était plus fin que celui de leurs voisins, qui avaient deux yeux. Ils raisonnerent parfaitement sur les quatre sens, c'est-à-dire, qu'ils en connurent tout ce qu'il est permis d'en savoir ; & ils vécurent paisibles & fortunés autant que des Quinze - Vingt peuvent l'être. Malheureusement un de leurs Professeurs prétendit avoir des notions claires sur le sens de la vue ; il se fit écouter, il intrigua, il forma des enthoufiaftes; enfin on le reconnut pour le Chef de la Communauté. Il fe mit à juger fouverainement des couleurs, & tout fut perdu.

Ce premier Dictateur des Quinze-Vingt fe forma d'abord un petit Confeil, avec lequel il fe rendit le maître de toutes les aumônes. Par ce moyen perfonne n'ofa lui réfifter. Il décida que tous les habits des Quinze-Vingt étaient blancs; les aveugles le crurent; ils ne parlaient que de leurs beaux habits blancs, quoiqu'il n'y en eût pas un feul de cette couleur. Tout le monde fe moqua d'eux; ils allerent fe plaindre au Dictateur, qui les reçut fort mal; il les traita de novateurs, d'efprits forts, de rebelles qui fe laiffaient féduire par les opinions erronées de ceux qui avaient des yeux, & qui ofaient douter de l'infaillibilité de leur maître. Cette querelle forma deux partis.

Le Dictateur, pour les appaiſer, rendit un Arrêt, par lequel tous leurs habits étaient rouges. Il n'y avait pas un
habit rouge aux Quinze-Vingt. On ſe
moqua d'eux plus que jamais. Nouvelles
plaintes de la part de la Communauté.
Le Dictateur entra en fureur, les autres
aveugles auſſi ; on ſe battit long-temps,
& la concorde ne fut rétablie que lorſqu'il fut permis à tous les Quinze-Vingt
de ſuſpendre leur jugement ſur la couleur de leurs habits.

Un ſourd, en liſant cette petite hiſ-
toire, avoua que les aveugles avaient eu
tort de juger des couleurs ; mais il reſta
ferme dans l'opinion qu'il n'appartient
qu'aux ſourds de juger de la muſique.

# AVENTURE INDIENNE,

### *TRADUITE*

## PAR L'IGNORANT.

**P**Ythagore, dans son séjour aux Indes, apprit, comme tout le monde sait, à l'Ecole des Gymnosophistes, le langage des bêtes & celui des plantes. Se promenant un jour dans une prairie, assez près du rivage de la mer, il entendit ces paroles : Que je suis malheureuse d'être née herbe! à peine suis-je parvenue à deux pouces de hauteur, que voilà un monstre dévorant, un animal horrible qui me foule sous ses larges pieds ; sa gueule est armée d'une rangée de faulx tranchantes avec laquelle il me coupe, me déchire & m'engloutit. Les hommes nomment ce monftre un *mouton*. Je ne crois pas qu'il y ait au monde une plus abominable créature.

*Pythagore* avança quelques pas, il trouva une huître qui bâillait fur un petit rocher; il n'avait point encor embraffé cette admirable loi, par laquelle il eft défendu de manger les animaux nos femblables. Il allait avaler l'huître, lorfqu'elle prononça ces mots attendriffants: O Nature ! que l'herbe, qui eft comme moi ton ouvrage, eft heureufe ! Quand on l'a coupée elle renaît, elle eft immortelle ; & nous, pauvres huîtres, en vain fommes-nous défendues par une double cuiraffe ; des fcélérats nous mangent par douzaine à leur déjeûner, & c'en eft fait pour jamais. Quelle épouvantable deftinée que celle d'une huître, & que les hommes font barbares !

*Pythagore* treffaillit ; il fentit l'énor

mité du crime qu'il allait commettre : il demanda pardon à l'huître en pleurant, & la remit bien proprement fur fon rocher.

Comme il rêvait profondément à cette aventure en retournant à la Ville, il vit des araignées qui mangeaient des mouches, des hirondelles qui mangeaient des araignées, des éperviers qui mangeaient des hirondelles. Tous ces gens-là, dit-il, ne font pas Philofophes.

*Pythagore* en entrant fut heurté, froiffé, renverfé par une multitude de gredins & de gredines qui couraient en criant : C'eft bien fait, c'eft bien fait, ils l'ont bien mérité. Qui ? quoi ? dit *Pythagore* en fe relevant ; & les gens couraient toujours en difant : Ah ! que nous aurons de plaifir de les voir cuire !

*Pythagore* crut qu'on parlait de lentilles, ou de quelques autres légumes; point du tout, c'était de deux pauvres

Indiens. Ah ! sans doute, dit *Pythagore*, ce sont deux grands Philosophes qui sont las de la vie ; ils sont bien-aises de renaître sous une autre forme; il y a du plaisir à changer de maison, quoiqu'on soit toujours mal logé ; il ne faut pas disputer des goûts.

Il avança avec la foule jusqu'à la Place publique, & ce fut là qu'il vit un grand bucher allumé, & vis-à-vis de ce bucher un banc qu'on appellait un *Tribunal*, & sur ce banc des Juges, & ces Juges tenaiet tous une queue de vache à la main, & ils avaient sur la tête un bonnet ressemblant parfaitement aux deux oreilles de l'animal qui porta *Silene* quand il vint autrefois au Pays avec *Bacchus*, après avoir traversé la mer Erytrée à pied sec, & avoir arrêté le Soleil & la Lune, comme on le raconte fidélement dans les Orphiques.

Il y avait parmi ces Juges un honnête homme fort connu de *Pythagore*. Le fage de l'Inde expliqua au fage de Samos de quoi il était queftion dans la fête qu'on allait donner au Peuple Indou.

Les deux Indiens, dit-il, n'ont nulle envie d'être brûlés ; mes graves confreres les ont condamnés à ce fupplice, l'un pour avoir dit que la fubftance de *Xaca* n'eft pas la fubftance de *Brama* ; & l'autre, pour avoir foupçonné qu'on pouvait plaire à l'Etre fuprême par la vertu, fans tenir en mourant une vache par la queue ; parce que, difait-il, on peut être vertueux en tout temps, & qu'on ne trouve pas toujours une vache à point nommé. Les bonnes femmes de la Ville ont été fi effrayées de ces deux propofitions fi hérétiques, qu'elles n'ont point donné de repos aux Juges, jufqu'à ce qu'ils aient ordonné le fupplice de ces deux infortunés.

*Pythagore* jugea que depuis l'herbe jufqu'à l'homme, il y avait bien des fujets de chagrin. Il fit pourtant entendre raifon aux Juges, & même aux dévotes; & c'eft ce qui n'eft arrivé que cette feule fois.

Enfuite il alla prêcher la tolérance à Crotone; mais un intolérant mit le feu à fa maifon; il fut brûlé, lui qui avait tiré deux Indous des flammes. *Sauve qui peut.*

# PETIT COMMENTAIRE

## DE L'IGNORANT,

*Sur l'éloge du* DAUPHIN *de France,*
*composé par Mr.* Thomas.

JE viens de lire dans l'éloquent Dis-
cours de Mr. *Thomas*, ces paroles remarquables.

„ Le Dauphin lisait avec plaisir ces
„ Livres où la douce humanité lui pei-
„ gnait tous les hommes, & même ceux
„ qui s'égarent, comme un Peuple de
„ freres. Aurait-il donc été lui-même
„ ou persécuteur, ou cruel? aurait-il
„ adopté la férocité de ceux qui comptent
„ l'erreur parmi les crimes, & veulent
„ tourmenter pour instruire? *Ah!* dit-il
„ plus d'une fois, *ne persécutons point.*

Ces mots ont pénétré dans mon cœur;

je me suis écrié : Quel sera le malheureux qui osera être persécuteur, quand
l'Héritier d'un grand Royaume a déclaré
qu'il ne faut pas l'être ? Ce Prince savait
que la persécution n'a jamais produit
que du mal : il avait lu beaucoup : la
Philosophie avait percé jusqu'à lui. Le
plus grand bonheur d'un Etat Monar-
chique, est que le Prince soit éclairé.
*Henri IV.* ne l'était pas par les Livres ;
car, excepté *Montagne*, qui n'a rien d'arrêté, & qui n'apprend qu'à douter, il
n'y avait alors que de misérables Livres
de controverse, indignes d'être lus par
un Roi. Mais *Henri IV.* était instruit par
l'adversité, par l'expérience de la vie pri-
vée & de la vie publique, enfin, par ses
propres lumieres. Ayant été persécuté,
il ne fût point persécuteur. Il était plus
Philosophe qu'il ne pensait, au milieu
du tumulte des armes, des factions du
Royau-

Royaume, des intrigues de la Cour, & de la rage de deux sectes ennemies. *Louis XIII.* ne lut rien, ne fut rien, & ne vit rien ; il laissa persécuter.

*Louis XIV.* avait un grand sens, un amour de la gloire qui le portait au bien, un esprit juste, un cœur noble ; mais, malheureusement, le Cardinal *Mazarin* ne cultiva point un si beau caractere. Il méritait d'être instruit, il fut ignorant ; ses Confesseurs enfin le subjuguerent ; il persécuta ; il fit du mal. Quoi ! les *Sacis*, les *Arnauds*, & tant d'autres grands hommes emprisonnés, exilés, bannis ! Et pourquoi ? Parce qu'ils ne pensaient pas comme deux Jésuites de la Cour : & enfin, son Royaume en feu pour une Bulle ! Il le faut avouer, le fanatisme & la fripponnerie demanderent la Bulle, l'ignorance l'accepta, l'opiniâtreté la combattit. Rien de tout cela ne

K

ferait arrivé fous un Prince en état d'apprécier ce que vaut une grace efficace, une grace fuffifante, & même encor une verfatile.

Je ne fuis pas étonné qu'autrefois le Cardinal *de Lorraine* ait perfécuté des gens affez mal avifés pour vouloir ramener les chofes à la premiere inftitution de l'Eglife ; le Cardinal aurait perdu fept Evêchés, & de très-groffes Abbayes dont il était en poffeffion. Voilà une très-bonne raifon de pourfuivre ceux qui ne font pas de notre avis. Perfonne affurément ne mérite mieux d'être excommunié que ceux qui veulent nous ôter nos rentes. Il n'y a pas d'autre fujet de guerre chez les hommes ; chacun défend fon bien autant qu'il le peut.

Mais que dans le fein de la paix il s'éleve des guerres inteftines pour des billevefées incompréhenfibles de pure

Métaphysique ; qu'on ait, sous *Louis XIII*, en 1624, défendu sous peine des galeres, de penser autrement qu'*Aristote* ; qu'on ait anathématisé les idées innées de *Descartes*, pour les admettre ensuite ; que de plus d'une question digne de *Rabelais* on ait fait une question d'Etat ; cela est barbare & absurde.

On a demandé souvent pourquoi depuis *Romulus* jusqu'au temps où les Papes ont été puissants, jamais les Romains n'ont persécuté un seul Philosophe pour ses opinions. On ne peut répondre autre chose sinon que les Romains étaient sages.

*Cicéron* était très-puissant. Il dit dans une de ses Lettres : *Voyez à qui vous voulez que je fasse tomber les Gaules en partage.* Il était très-attaché à la secte des Académiciens, mais on ne voit pas

K ij

qu'il lui foit jamais tombé dans la tête de faire exiler un Stoïcien, d'exclurre des charges un Epicurien, de molefter un Pythagoricien.

Et toi, malheureux *Jurieu*, fugitif de ton Village, tu voulus opprimer le fugitif *Bayle* dans fon afyle & dans le tien; tu laiffas en paix *Spinofa* dont tu n'étais point jaloux; mais tu voulais accabler ce refpectable *Bayle*, qui écrafait ta petite réputation par fa renommée éclatante.

Le Defcendant & l'Héritier de trente Rois a dit : *Ne perfécutons point ;* & un Bourgeois d'une Ville ignorée, un Habitué de Paroiffe, un Moine dirait : *Perfécutons !*

Ravir aux hommes la liberté de penfer! jufte ciel! Tyrans fanatiques, commencez donc par nous couper les mains qui peuvent écrire, arrachez-nous la langue qui parle contre vous, arrachez-nous l'ame qui n'a pour vous que des sentiments d'horreur.

Il y a des Pays où la superstition également lâche & barbare, abrutit l'espece humaine ; il y en a d'autres où l'esprit de l'homme jouit de tous ses droits. Entre ces deux extrémités, l'une céleste, l'autre infernale, il est un Peuple mitoyen, chez qui la Philosophie est tantôt accueillie, & tantôt proscrite, chez qui *Rabelais* a été imprimé avec privilege, mais qui a laissé mourir le grand *Arnaud* de faim dans un Village étranger ; un Peuple qui a vécu dans des ténebres épaisses depuis les temps de ses Druides, jusqu'au temps où quelques rayons de lumiere tomberent sur lui de la tête de *Descartes*. Depuis ce temps le jour lui est venu d'Angleterre. Mais croira-t-on bien que *Locke* était à peine connu de ce Peuple il y a environ trente ans ? Croira-t-on bien que lorſqu'on lui fit connaître la ſageſſe de ce grand homme , des ignorants en place op-primerent violemment celui qui apporta le premier ces vérités de l'Iſle des Philo-ſophes dans le Pays des frivolités ?

Si on a pourſuivi ceux qui éclairaient les ames , on a pouſſé la manie juſqu'à s'é-lever contre ceux qui ſauvaient les corps. En vain il eſt démontré que l'inoculation peut conſerver la vie à vingt-cinq mille perſonnes par année dans un grand Royau-me ; il n'a pas tenu aux ennemis de la nature humaine qu'on n'ait traité ſes bien-faicteurs d'empoiſonneurs publics. Si on avait eu le malheur de les écouter, que ſerait-il arrivé ? les Peuples voiſins au-raient conclu que la Nation était ſans raiſon & ſans courage.

Heureuſement les perſécutions ſont paſſageres, elles ſont perſonnelles, elles dépendent du caprice de trois ou quatre énergumenes qui voient toujours ce que les autres ne verraient pas, fi on ne corrompait pas leur entendement ; ils cabalent, ils ameutent, on crie quelque temps, enfuite on eft étonné d'avoir crié, & puis on oublie tout.

Un homme ofe dire, non-feulement après tous les Phyficiens, mais après tous les hommes, que fi la Providence ne nous avait pas accordé des mains, il n'y aurait fur la terre ni Artiftes, ni Arts. Un Vinaigrier devenu Maître d'Ecole, dénonce cette propofition comme impie ; il prétend que l'auteur attribue tout à nos mains, & rien à notre intelligence. Un finge n'oferait intenter une telle accufation dans le Pays des finges ; cette accufation réuffit chez les hommes. L'auteur eft perfécuté avec fureur ; au bout de trois mois on n'y penfe plus. Il en eft de la plupart des Livres philofophiques comme des Contes de *La Fontaine* ; on commença par les brûler, on a fini par les repréfenter à l'Opéra comique. Pourquoi en permet-on les repréfentations? C'eft qu'on s'eft apperçu enfin qu'il n'y avait là que de quoi rire. Pourquoi le même Livre qu'on a profcrit refte-t-il paifiblement entre les mains des Lecteurs? c'eft qu'on s'eft apperçu que ce Livre n'a troublé en rien la fociété, qu'aucune penfée abftraite, ni même aucune plaifanterie, n'a ôté à aucun Citoyen la moindre prérogative, qu'il n'a point fait renchérir les denrées, que les Moines mendiants n'en ont pas moins rempli leur beface, que le train du monde n'a changé en rien, & que le Livre n'a fervi précifément qu'à occuper le loifir de quelques Lecteurs.

En vérité, quand on perfécute, c'eft pour le plaifir de perfécuter.

Paffons de l'oppreffion paffagere que

la Philosophie a essuyée mille fois parmi nous, à l'oppression théologique qui est plus durable. Dès les premiers siecles on dispute ; les deux partis contraires s'anathématisent. Qui a raison des deux ? c'est le plus fort : des Conciles combattent contre des Conciles, jusqu'à ce qu'enfin l'autorité & le temps décident. Alors les deux partis réunis persécutent un troisieme parti qui s'éleve, & celui-ci en opprime un quatrieme. On ne sait que trop que le sang a coulé pendant quinze cents ans pour ces disputes. Mais ce qu'on ne sait pas assez, c'est que si on n'avait jamais persécuté, il n'y aurait jamais eu de guerres de Religion.

Répétons donc mille fois avec un Dauphin tant regretté : *Ne persécutons personne.*

# ANDRÉ DES TOUCHES,
## À SIAM.

ANdré *Des Touches* était un Muſicien très-agréable dans le beau ſiecle de *Louis XIV*, avant que la Muſique eût été perfectionnée par *Rameau*, & gâtée par ceux qui préferent la difficulté ſurmontée au naturel & aux graces.

Avant d'avoir exercé ſes talents, il avait été Mouſquetaire ; & avant d'être Mouſquetaire, il fit, en 1688, le voyage de Siam avec le Jéſuite *Tachard*, qui lui donna beaucoup de marques particulieres de tendreſſe pour avoir un amuſement ſur le vaiſſeau ; & *Des Touches* parla toujours avec admiration du Pere *Tachard* le reste de sa vie.

Il fit connaissance à Siam avec un premier Commis du Barcalon ; & ce premier Commis s'appellait *Croutef* : & il mit par écrit la plupart des questions qu'il avait faites à *Croutef*, avec les réponses de ce Siamois. Les voici telles qu'on les a trouvées dans ses papiers.

ANDRÉ DES TOUCHES.

Combien avez-vous de soldats?

CROUTEF.

Quatre-vingt mille, fort médiocrement payés.

ANDRÉ DES TOUCHES.

Et de Talapoins?

CROUTEF.

Cent vingt mille, tous fainéants & très-riches. Il est vrai que dans la derniere guerre nous avons été bien battus, mais en récompense nos Talapoins ont fait

très-grande chere , bâti de belles mai-
sons, & entretenu de très-jolies filles.

ANDRÉ DES TOUCHES.

Il n'y a rien de plus sage & de mieux
avisé. Et vos finances, en quel état
sont-elles?

CROUTEF.

En fort mauvais état. Nous avons
pourtant quatre-vingt-dix mille hommes
employés pour les faire fleurir ; & s'ils
n'en ont pu venir à bout, ce n'est pas
leur faute ; car il n'y a aucun d'eux qui
ne prenne honnêtement tout ce qu'il peut
prendre, & qui ne dépouille les cultiva-
teurs pour le bien de l'Etat.

ANDRÉ DES TOUCHES.

Bravo ! Et votre Jurisprudence est-elle
aussi parfaite que tout le reste de votre
administration?

CROUTEF.

Elle est bien supérieure : nous n'avons

point de Loix ; mais nous avons cinq ou six mille volumes sur les Loix. Nous nous conduisons d'ordinaire par des coutumes ; car on sait qu'une coutume ayant été établie au hazard, est toujours ce qu'il y a de plus sage. Et de plus, chaque coutume ayant nécessairement changé dans chaque Province comme les habillements & les coëffures, les Juges peuvent choisir à leur gré l'usage qui était en vogue il y a quatre siecles, ou celui qui régnait l'année passée ; c'est une variété de législation que nos voisins ne cessent d'admirer ; c'est une fortune assurée pour les Praticiens, une ressource pour tous les plaideurs de mauvaise foi, & un agrément infini pour les Juges qui peuvent en sûreté de conscience décider les causes sans les entendre.

ANDRÉ DES TOUCHES.

Mais pour le criminel vous avez au moins des Loix constantes ?

### C R O U T E F.

Dieu nous en préferve ! nous pouvons condamner au banniffement, aux galeres, à la potence, ou renvoyer hors de cour felon que la fantaifie nous en prend. Nous nous plaignons quelquefois du pouvoir arbitraire de Mr. le Barcalon; mais nous voulons que tous nos jugemens foient arbitraires.

### D E S   T O U C H E S.

Cela eft jufte. Et de la queftion, en ufez-vous?

### C R O U T E F.

C'eft notre plus grand plaifir ; nous avons trouvé que c'eft un fecret infaillible pour fauver un coupable qui a les mufcles vigoureux, les jarrêts forts & fouples, les bras nerveux & les reins doubles; & nous rouons gaiement tous les innocents à qui la nature a donné des organes faibles. Voici comme nous

nous y prenons avec une fageffe & une prudence merveilleufes. Comme il y a des demi-preuves, c'eft-à-dire, des demi-vérités, il eft clair qu'il y a des demi-innocents & des demi-coupables. Nous commençons donc par leur donner une demi-mort, après quoi nous allons déjeûner; enfuite vient la mort toute entiere, ce qui nous donne dans le monde une grande confidération, & qui eft le revenu du prix de nos charges.

ANDRÉ DES TOUCHES.

Rien n'eft plus prudent & plus humain, il faut en convenir. Apprenez-moi ce que deviennent les biens des condamnés?

CROUTEF.

Les enfants en font privés. Car vous favez que rien n'eft plus équitable que de punir tous les defcendants d'une faute de leur pere.

### Andrè Des Touches.

Oui, il y a long-temps que j'ai entendu parler de cette jurisprudence.

### Croutef.

Les Peuples de Laos, nos voisins, n'admettent ni la question, ni les peines arbitraires, ni les coutumes différentes, ni les horribles supplices qui font parmi nous en usage ; mais aussi nous les regardons comme des barbares qui n'ont aucune idée d'un bon gouvernement. Toute l'Asie convient que nous dansons beaucoup mieux qu'eux, & que par conséquent il est impossible qu'ils approchent de nous en jurisprudence, en commerce, en finances, & sur-tout dans l'art militaire.

### Des Touches.

Dites-moi, je vous prie, par quels degrés on parvient dans Siam à la Magistrature ?

Crou-

### CROUTEF.

Par de l'argent comptant. Vous fentez qu'il ferait impoffible de bien juger, fi on n'avait pas trente ou quarante mille pieces d'argent toutes prêtes. En vain on faurait par cœur toutes les coutumes, en vain on aurait plaidé cinq cents caufes avec fuccès, en vain on aurait un efprit rempli de juftefle, & un cœur plein de juftice ; on ne peut parvenir à aucune Magiftrature fans argent. C'eft encore ce qui nous diftingue de tous les Peuples de l'Afie, & fur-tout de ces barbares de Laos qui ont la manie de récompenfer tous les talents, & de ne vendre aucun emploi.

---

*André Des Touches* qui était un peu diftrait, comme le font tous les Muficiens, répondit au Siamois que la plupart des airs qu'il venait de chanter, lui paraiſſaient un peu diſcordants, & voulut s'informer à fond de la muſique Siamoiſe ; mais *Croutef*, plein de ſon ſujet, & paſſionné pour ſon Pays, continua en ces termes : Il m'importe fort peu que nos voiſins, qui habitent par-delà nos montagnes, aient de meilleure muſique que nous, & de meilleurs tableaux, pourvu que nous ayions toujours des Loix ſages & humaines. C'eſt dans cette partie que nous excellons. Par exemple, il y a mille circonſtances où une fille étant accouchée d'un enfant mort, nous réparons la perte de l'enfant en faiſant pendre la mere : moyennant quoi elle eſt manifeſtement hors d'état de faire une fauſſe couche.

Si un homme a volé adroitement trois ou quatre cents mille pieces d'or, nous le reſpectons, & nous allons dîner chez lui.

Mais fi une pauvre fervante s'approprie mal-adroitement trois ou quatre pieces de cuivre qui étaient dans la caffette de fa maîtreffe, nous ne manquons pas de tuer cette fervante en Place publique ; premiérement, de peur qu'elle ne fe corrige ; fecondement, afin qu'elle ne puiffe donner à l'Etat des enfants en grand nombre, parmi lefquels il s'en trouverait peut-être un ou deux qui pourraient voler trois ou quatre petites pieces de cuivre, ou devenir de grands hommes ; troifiémement, parce qu'il eft jufte de proportionner la peine au crime, & qu'il ferait ridicule d'employer dans une maifon de force, à des ouvrages utiles, une perfonne coupable d'un forfait fi énorme.

Mais nous fommes encor plus juftes, plus cléments, plus raifonnables dans les châtiments que nous infligeons à ceux qui ont l'audace de fe fervir de leurs jambes pour aller où ils veulent. Nous traitons ſi bien nos guerriers qui nous vendent leur vie, nous leur donnons un ſi prodigieux ſalaire, ils ont une part ſi conſidérable à nos conquêtes, qu'ils ſont ſans doute les plus criminels de tous les hommes, lorſque s'étant enrôlés dans un moment d'ivreſſe, ils veulent s'en retourner chez leurs parents dans un moment de raiſon. Nous leur faiſons tirer à bout portant douze balles de plomb dans la tête pour les faire reſter en place, après quoi ils deviennent infiniment utiles à leur Patrie.

Je ne vous parle pas de la quantité innombrable d'excellentes inſtitutions, qui ne vont pas à la vérité juſqu'à verſer le ſang des hommes, mais qui rendent la vie ſi douce & ſi agréable, qu'il eſt impoſſible que les coupables ne deviennent gens de bien. Un cultivateur n'a-t-il pas payé à point nommé une taxe qui excédait ses facultés, nous vendons sa marmite & son lit pour le mettre en état de mieux cultiver la terre quand il sera débarrassé de son surperflu.

### D E S  T O U C H E S.

Voilà qui est tout-à-fait harmonieux, cela fait un beau concert.

### C R O U T E F.

Pour faire connaître notre profonde sagesse, sachez que notre basse fondamentale consiste à reconnaître pour notre Souverain, à plusieurs égards, un étranger tondu qui demeure à neuf cents mille pas de chez nous. Quand nous donnons nos plus belles terres à quelques-uns de nos Talapoins, ce qui est très-prudent, il faut que ce Talapoin Siamois paie la premiere année de son revenu à ce tondu Tartare, sans quoi il est clair que nous n'aurions point de récolte.

' Mais où eſt le temps, l'heureux temps, où ce tondu faiſait égorger une moitié de la Nation par l'autre, pour décider ſi *Sammonocodom* avait joué au cerf-volant ou au trou-madame, s'il s'était déguiſé en éléphant ou en vache, s'il avait dormi trois cents quatre-vingt-dix jours ſur le côté droit ou ſur le gauche? Ces grandes queſtions qui tiennent ſi eſſentiellement à la morale, agitaient alors tous les eſprits; elles ébranlaient le monde; le ſang coulait pour elles; on maſſacrait les femmes ſur les corps de leurs maris; on écraſait leurs petits enfants ſur la pierre, avec une dévotion, une onction, une componction angélique. Malheur à nous, enfants dégénérés de nos pieux ancêtres, qui ne faiſons plus de ces ſaints ſacrifices! Mais au moins, il nous reſte, graces au Ciel, quelques bonnes ames qui les imiteraient ſi on les laiſſait faire.

## ANDRÉ DES TOUCHES.

Dites-moi, je vous prie, Monsieur, si vous divisez à Siam le ton majeur en deux comma & deux semi-comma, & si le progrès du son fondamental se fait par 1. 3. & 9.

## CROUTEF.

Par *Sammonocodom*, vous vous moquez de moi. Vous n'avez point de tenue; vous m'avez interrogé sur la forme de notre Gouvernement, & vous me parlez de Musique.

## ANDRÉ DES TOUCHES.

La Musique tient à tout; elle était le fondement de toute la politique des Grecs. Mais pardon, puisque vous avez l'oreille dure, revenons à notre propos. Vous disiez donc que pour faire un accord parfait...

## CROUTEF.

Je vous disais qu'autrefois le Tartare

tondu prétendait difposer de tous les Royaumes de l'Afie, ce qui était fort loin de l'accord parfait : mais il en réfultait un grand bien ; on était beaucoup plus dévot à *Sammonocodom* & à fon éléphant, que dans nos jours, où tout le monde fe mêle de prétendre au fens commun avec une indifcrétion qui fait pitié. Cependant tout va ; on fe réjouit, on danfe, on joue, on dine, on foupe, on fait l'amour ; cela fait frémir tous ceux qui ont de bonnes intentions.

ANDRÉ DES TOUCHES.

Et que voulez-vous de plus ? Il ne vous manque qu'une bonne Mufique. Quand vous l'aurez, vous pourrez hardiment vous dire la plus heureufe Nation de la Terre.